México en 1554

Also from Westphalia Press
westphaliapress.org

The Idea of the Digital University

Masonic Tombstones and Masonic Secrets

Treasures of London

The History of Photography

L'Enfant and the Freemasons

Baronial Bedrooms

Making Trouble for Muslims

Material History and Ritual Objects

Paddle Your Own Canoe

Opportunity and Horatio Alger

Careers in the Face of Challenge

Bookplates of the Kings

Collecting American Presidential Autographs

Freemasonry in Old Buffalo

Original Cables from the Pearl Harbor Attack

Social Satire and the Modern Novel

The Essence of Harvard

The Genius of Freemasonry

A Definitive Commentary on Bookplates

James Martineau and Rebuilding Theology

No Bird Lacks Feathers

Earthworms, Horses, and Living Things

The Man Who Killed President Garfield

Anti-Masonry and the Murder of Morgan

Understanding Art

Homeopathy

Ancient Masonic Mysteries

Collecting Old Books

Masonic Secret Signs and Passwords

The Thomas Starr King Dispute

Earl Warren's Masonic Lodge

Lariats and Lassos

Mr. Garfield of Ohio

The Wisdom of Thomas Starr King

The French Foreign Legion

War in Syria

Naturism Comes to the United States

New Sources on Women and Freemasonry

Designing, Adapting, Strategizing in Online Education

Gunboat and Gun-runner

Meeting Minutes of Naval Lodge No. 4 F.A.A.M

México en 1554

by Francisco Cervantes De Salazar

with a new introduction by
Guillermo De Los Reyes

WESTPHALIA PRESS
An imprint of Policy Studies Organization

México en 1554

All Rights Reserved © 2014 by Policy Studies Organization

Westphalia Press
An imprint of Policy Studies Organization
1527 New Hampshire Ave., NW
Washington, D.C. 20036
info@ipsonet.org

ISBN-13: 978-1633910317
ISBN-10: 1633910318

Cover design by Taillefer Long at Illuminated Stories:
www.illuminatedstories.com

Daniel Gutierrez-Sandoval, Executive Director
PSO and Westphalia Press

Devin Proctor, Director of Media and Publications
PSO and Westphalia Press

Updated material and comments on this edition
can be found at the Westphalia Press website:
www.westphaliapress.org

Prólogo

La presente edición, quizás la primera que se publica en este siglo, tiene como objetivo revisitar un clásico de suma importancia del periodo colonial novohispano: *México en 1554* de Francisco Cervantes de Salazar.[1] Esta obra, además de considerarse una de las crónicas más detalladas de lo que hoy es la Ciudad de México, es un texto seminal sobre los orígenes de la educación superior en el México colonial. Fue precisamente Francisco Cervantes de Salazar uno de los fundadores y catedráticos de la Real y Pontificia Universidad de México, la primera en Norteamérica que estuvo en vigencia hasta 1910 con un par de interrupciones en el siglo XIX. Al respecto, en una de las ediciones en inglés del siglo XX,[2] el estudioso Carlos E. Castañeda afirma: "The establishment of the Royal and Pontifical University of Mexico in New Spain in 1553 marks the beginning of university life in North America, an event in the cultural history of the New World whose significance cannot be overestimated, one equaled only by the introduction of the printing press fourteen years before.[3]

En este importante texto, Cervantes de Salazar narra y describe con lujo de detalle no sólo la vida universitaria de la Nueva España, sino que nos habla también de sus cátedras, profesores, aulas, pasillos, y en fin, nos proporciona la historia material de los momentos clave de los orígenes de la Real y Pontificia Universidad de México. Asimismo, presenta una crónica de la Ciudad de México, sus costumbres, su gente, sus calles, entre otras cosas. El género narrativo elegido por Cervantes de Salazar es el de los diálogos muy a la usanza latina de aquella época, siguiendo el estilo y el modelo de grandes latinistas europeos del siglo XVI. Nuestro autor es un erudito de su tiempo, un humanista discípulo del afamado estudioso Alejo Venegas y contemporáneo de Juan Luis Vives, uno de los más importantes latinistas de esos lustros. De hecho, Cervantes de Salazar dedica algunos de sus diálogos a Vives y en *México en 1554* también muestra claramente sus dotes de docto latinista. Aunque no fue discípulo de éste, sí tuvieron una amistad y en estos diálogos que aquí presentamos se aprecia claramente la influencia que tuvo Vives en su obra. Antes de llegar a México fue catedrático de retórica en la Universidad de Osuna en el año de 1550. Para entonces ya había publicado varios trabajos en Alcalá de Henares, y entre ellos podemos mencionar: *Apólogo de la ociosidad y el trabajo*, compuesto por el protonotario Luis Mexía; *Introducción y camino de la sabiduría* por Luis Vives; *Diálogos de la dignidad del hombre*, que comenzó el maestro Hernán Pérez de Oliva, y está dedicada al conquistador Hernán Cortés.[4] El autor de *México en 1554* estudió en la Universidad de Salamanca y llegó a tierras americanas buscando fama y fortuna. El historiador mexicano, Edmundo O'Gorman lo describe como un "personaje bien documentado históricamente", y como quien estaba al día y en constante diálogo intelectual con sus contemporáneos ilustres.[5] Primeramente dio clases particulares de latín y poco a poco se fue adentrando en los tejes y manejes de la vida colonial novohispana. Sobre la vida de Cervantes de Salazar tenemos también información un tanto contradictoria en cuanto a su vida personal, que nos es difícil adentrarnos en su vida personal y su carácter, como lo menciona O'Gorman. Por un lado, comenta el historiador mexicano, nos encontramos con "un hombre que gastó la juventud en estudios, en el desempeño de un grave empleo al servicio de un poderoso príncipe eclesiástico y en tareas de docencia universitaria. Un hombre ligado desde temprana edad a la corriente del humanismo moralizante, que, bajo la influencia de Erasmo, inspiró un sector de la vida intelectual española durante la primera mitad del siglo XVI, y que lleva amparado a México por los títulos de discípulo de Alejo Venegas." Por otro lado, continúa O'Gorman, "este perfil de hombre docto y responsable se desdibuja por las sombras que proyectan algunas circunstancias de las que nos han llegado noticias, como lo son el pleito con su protector y pariente y cuyos motivos han quedado en el misterio, la falta de caridad que mostró con el pobre Eugenio Manzanas que tanto dependía de él para la venta de su libro a los colonos; la severidad por no decir crueldad, que revelan sus votaciones inquisitoriales...y por encima de todo, la opinión que acerca de él nos han dejado sus prelados, los Illmos. Montúfar y Moya de Contreras."[6] Esta controversia en torno a Cervantes de Salazar, no debe opacar sus contribuciones significativas a la vida intelectual novohispana. Particularmente la obra que aquí presentamos y que nos da un recorrido por la vida universitaria mexicana colonial, amén de otros detalles de suma importancia sobre la vida cotidiana y la ciudad y que son de importante valor.

Además de contribuir con la fundación de la primera universidad en México en el año de 1553, impartió la cátedra de retórica y fue rector de dicha institución en dos ocasiones. Asimismo, durante sus años en los pasillos universitarios también aprovechó para continuar su formación recibiéndose como canonista y doctor teólogo. Durante sus años en la universidad se convirtió en una pieza clave en la vida educativa de la Nueva España. Además de su labor de maestro, fundador y rector, también se destaca como escritor y miembro del Santo Oficio.

Originalmente, Cervantes de Salazar escribió siete diálogos, tres de ellos elaborados en España y los tres últimos, que aquí se presentan, los preparó en México con el objetivo principal de usarlos en sus cátedras de latín. Todos estos trabajos los logra publicar en vida y contribuyeron a su buena fama como latinista y educador. Fue el famoso biógrafo mexicano Joaquín García

Icazbalceta[7] el que los tradujo al castellano y los publica en México en 1875 con el tituló: *México en 1554*. Icazbalceta se toma la licencia de darles un título, ya que Cervantes de Salazar no los intitula diálogos, y por consiguiente, para fines de publicación y catalogación, el biógrafo decimonónico les da el título del año en el que se llevan a cabo los sucesos y atinadamente, aunque parezca obvio, les da el título del lugar que es precisamente protagonista en los diálogos, no solamente un sitio cualquiera donde se lleva a cabo la acción. Julio Jiménez Rueda apunta que la edición latina de los diálogos se comienza a agotar, hasta que en el siglo XIX sólo se contaba con un ejemplar en manos del notable bibliófilo José María Andrade, quien se lo obsequiara al mismo Icazbalceta.[8]

En los tres diálogos que aquí se presentan, Cervantes narra y describe la vida universitaria. Habla de las diferentes áreas académicas en que se dividían los estudios universitarios en la época: Facultades de Teología, de Derecho Canónico, de Artes y de Derecho Civil. Asimismo, se impartían diversas cátedras, entre ellas: la catedra de Prima de Teología cuyo titular era el padre dominico fray Pedro de la Peña; la cátedra de Sagrada Escritura que ocupaba fray Alonso de la Vera-cruz de la orden de los agustinos; la cátedra de Prima de Cánones o de Decretales, que correspondía al Dr. Pedro Morones, fiscal de la audiencia; la de Decreto, dirigida por el doctor Bartolomé Melgarejo; de la cátedra de Leyes era titular el licenciado Bartolomé Frías de Albornoz; la cátedra de Artes, el presbítero Juan García, canónigo de la catedral; y finalmente Gabriel Bustamante, quien era el titular de la cátedra de Gramática. Al igual que los detalles antes mencionados en los diálogos se presentan otros sobre la vida cotidiana universitaria, los elementos arquitectónicos, los estudiantes, en fin, se trata de un texto que transporta al lector contemporáneo a la vida virreinal mexicana.

México en 1554 refleja en sus vívidos diálogos una sociedad pujante y con rasgos de modernidad temprana, a diferencia de lo que la historiografía decimonónica nos había hecho creer. Sobre esto, Edmundo O'Gorman apunta que los diálogos de Francisco

Cervantes de Salazar son de "inestimable valor como testimonios de la recepción de ciertas corrientes espirituales del Renacimiento que, urbanística y arquitectónicamente, convirtieron a México en una de las primeras, sino acaso la primera gran ciudad moderna en el ámbito de la Cultura de Occidente."[9] Esperamos que esta publicación, que es la primera de esta década y sin lugar a duda, la primera en español publicada en los Estados Unidos, contribuya a profundizar y a retomar el estudio de una de las obras más importantes del siglo XVI que muestran que México colonial efectivamente entabló un diálogo con el Renacimiento europeo. También esperamos que se traigan a la luz nuevos enfoques en el estudio de la obra de Francisco Cervantes de Salazar.

Guillermo De Los Reyes
Houston, Texas
3 de marzo de 2014

NOTAS

(Endnotes)

1   Cabe mencionar que este título le fue otorgado por Joaquín García Icazbalceta, quien fuera el traductor al castellano de los tres diálogos que Francisco Cervantes de Salazar publicara en latín a mediados del siglo XV, sin otorgarle un título específico a sus diálogos. Véase, Francisco Cervantes de Salazar, México en 1554 y Túmulo imperial, Edición, Prólogo y Notas, Edmundo O'Gorman. México: Editorial Porrúa, 1963, I.

2   Esta fue una reimpresión publicada por Greenwood Press. autorizada por la Universidad de Texas en Austin a quien corresponden los derechos de esa edición en inglés.

3   Life in the Imperial and Loyal City of Mexico in New Spain and the Royal and Pontifcial University of Mexico as Described in the Dialogues for the Study of the Latin Language Prepared by Francisco Cervantes de Salazar for Use in His Classes and Printed in 1554 by Juan Pablos. Introduction and Notes, Carlos E Castañeda; Transleted by Lee Barret Shepard. Westport, Connecticut: Green wood Press, 1970 [1953—University of Texas Press], I.

4   Francisco Cervantes de Salazar, México en 1554, Notas preliminares, Julio Jiménez Rueda. México: Universidad Nacional Autónoma de México, 1964, VI-VII

5   O'Gorman, op. cit, XI.

6   O'Gorman, XI-XII

7   García Icazbalzeta, uno de los más importantes eruditos del siglo XIX en México muy probablemente fascinado por la pluma de Cervantes de Salazar decidió traducir los diálogos al español, los publicó con una copiosa Introducción, notas y más detalles.

Como se menciona en este Prefacio, fue él quien le dio el título al libro y es precisamente su traducción la que más se ha reproducido y en la mayoría de las veces no aparece el original en latín. Ni la edición de Edmundo O'Gorman, ni la de Julio Jiménez Rueda, la reproducen en latín, sólo en catellano, Sin embargo, la edición de Carlos Eduardo Castañeda publicada por la Universidad de Texas en Austin sí la presenta en latín. Véase: Francisco Cervantes de Salazar, México en 1554 y Túmulo imperial, Edición, Prólogo y Notas, Edmundo O'Gorman. México: Editorial Porrúa, 1963; Life in the Imperial and Loyal City of Mexico in New Spain and the Royal and Pontifcial University of Mexico as Described in the Dialogues for the Study of the Latin Language Prepared by Francisco Cervantes de Salazar for Use in His Classes and Printed in 1554 by Juan Pablos. Introduction and Notes, Carlos E. Castañeda; Translated by Lee Barret Shepard. Westport, Connecticut: Greenwood Press, 1970 [1953—University of Texas Press] y Francisco Cervantes de Salazar, México en 1554, Notas preliminares, Julio Jiménez Rueda. México: Universidad Nacional Autónoma de México, 1964.

8   Jiménez Rueda, op. cit., V

9   O'Gorman, op, cit., XVII

BIBLIOTECA DEL ESTUDIANTE UNIVERSITARIO

FRANCISCO CERVANTES DE SALAZAR

MEXICO
EN
1554

EDICIONES DE LA UNIVERSIDAD NACIONAL AUTONOMA

BIBLIOTECA DEL ESTUDIANTE UNIVERSITARIO

3

FRANCISCO CERVANTES DE SALAZAR

MEXICO
EN
1554

Tres diálogos latinos
traducidos por
Joaquín García Icazbalceta

Notas preliminares de
Julio Jiménez Rueda

EDICIONES DE LA UNIVERSIDAD NACIONAL AUTONOMA
MEXICO   1 9 3 9

PARA cumplir con uno de los puntos del programa que se ha fijado la Universidad Nacional Autónoma de México, se publican los tres diálogos de Cervantes de Salazar, que imprimió Juan Pablos en latín, en 1554, y que fueron traducidos y publicados por el benemérito bibliógrafo D. Joaquín García Icazbalceta, en 1875. La edición de 1875 va ilustrada con muy eruditas notas de su traductor. Como la presente es una edición para uso de los estudiantes y no debe tener aparato erudito, se decidió suprimir casi todas las notas, que en buena parte se refieren a problemas relacionados con la traducción del latín al castellano y sólo se conservaron, al final, las que constituyen muy interesantes ensayos sobre asuntos que se relacionan con los temas de los diálogos: el cómputo de lo que ganaban los profesores de la Universidad; el paseo del Pendón, por lo que se refiere a los diálogos primero y tercero, y el ensayo histórico sobre la ciudad antigua que comprende la introducción al diálogo segundo. El estudiante apreciará las dotes del investigador y la excelencia de su estilo. Se hace justicia, así, a D. Joaquín García Icazbalceta, "maestro de toda erudición mexicana", como le llamó Menéndez Pelayo en su época. Se han simplificado, asimismo, las introducciones que el traductor puso al frente de cada uno de los diálogos, aprovechando, claro está, la mayor parte de las preciosas noticias que contienen. El estudiante leerá así, sin tropiezo, la excelente traducción y saboreará una de las mejores producciones del siglo XVI.

Se ha conservado también la exhortación que hace al lector uno de los discípulos de Cervantes de Salazar, Alfonso Gómez Alfaro, y las palabras dignas y cordiales del benemérito impresor Juan Pablos, de Brescia, con que recomienda la obra de aquel maestro.

Por el colofón se verá que la obra fué aprobada por el Dr. Mateo Sedeño Arévalo, catedrático de Decreto en la Universidad, y por el maestro de Prima de Teología en la misma, Fr. Alonso de la Veracruz.

PROLOGO

A mediados del siglo XVI vivió en México, capital entonces de la Nueva España, el célebre latinista D. Francisco Cervantes de Salazar, venido de España por esa época y designado el año de 1553, que fué el de la fundación de la Real y Pontificia Universidad, para profesar en ella la cátedra de Retórica. Escribió en latín los tres diálogos latinos que deberían agregarse a los escritos por el gran humanista valenciano Luis Vives. Los diálogos se imprimieron en la ciudad de México y en el año de 1554 para uso de los estudiantes de la Universidad. La edición latina llegó a escasear muy pronto, hasta quedar con el tiempo reducida a un solo ejemplar,

PRÓLOGO

que poseyó D. José María Andrade, ilustre bibliófilo del siglo pasado, quien lo regaló, a su vez, a D. Joaquín García Icazbalceta. A este ilustre hombre de letras mexicano se debe la cortísima edición aparecida en 1875 con el título México en 1554, tres diálogos latinos que Francisco Cervantes de Salazar escribió e imprimió en México en dicho año. El original latino viene acompañado de una excelente traducción al castellano, realizada por el eminente bibliógrafo mexicano.

No muy completos son los datos que tenemos de Francisco Cervantes de Salazar. Desde luego se ignora la fecha de su nacimiento. El bibliógrafo Beristáin dice que nació a principios del siglo XVI; en 1575 el arzobispo Moya de Contreras le adjudica "más de setenta años"; García Icazbalceta conjetura que nació antes de 1515 en la ciudad de Toledo.

Fué discípulo, seguramente, del maestro toledano Alejo de Vanegas, que tenía abierto estudio de latinidad en la ciudad del Tajo y no es cosa segura que haya sido discípulo del humanista Luis Vives, aunque sí fué amigo de él, como lo prueba la dedicatoria de los diálogos que escribió. Aprendió latín a la perfección con el primero de los maestros citados y pasó a estudiar *Cánones* a la Universidad de Salamanca.

Viajó por Flandes en compañía de un licenciado Girón y de regreso a España fué secretario latino del Cardenal D. Fray García de Loaiza, General de la Orden de Santo Domingo, obispo de Osma y de Sigüenza, Arzobispo de Sevilla, Consejero de Estado, Inquisidor y Presidente del Consejo de Indias. Cervantes de Salazar ocupaba todavía este puesto en 1545.

En 1550 fué catedrático de Retórica en la Universidad de Osuna. Para esta época había ya escrito una serie de obras en latín que publicó en Alcalá de Henares: Diálogo de la dignidad del hombre, *que comenzó el maestro Hernán Pérez de Oliva;* Apólogo de la ociosidad y el trabajo, *compuesto por el protonotario Luis Mexía;* Introducción y camino de la Sabiduría, *por Luis Vives.* La primera de las citadas la dedica Cervantes de Salazar al propio D. Hernán Cortés. Estas obras se publicaron en Alcalá con el nombre de Las obras que Francisco Cervantes de Salazar ha hecho, glossado y traduzido.

Probablemente pasó a México por los años de 1550 y 1551 y comenzó por enseñar gramática latina en un estudio particular. En 1553 se le dió

P R O L O G O

la cátedra de Retórica en la Real y Pontificia Universidad de México, con el encargo de iniciar los cursos del propio plantel, que a la sazón se inauguraba, con una oración latina que pronunció el 3 de junio de ese año. Fué poco después nombrado Conciliario de la Universidad y más tarde Rector, de noviembre de 1567 a noviembre de 1568. Al mismo tiempo que enseñaba en la Universidad proseguía sus estudios en Artes y Teología, obteniendo por suficiencia el grado en la primera de las Facultades citadas y en Teología los de Bachiller, Licenciado y Doctor, habiéndose graduado antes en Cánones.

Por los años de 1563 ó 1566 tuvo una canonjía en la Catedral, en donde, según el cronista Herrera, llegó a ser Deán. Las últimas noticias que de él se tienen son de 1575. Se ignora la fecha de su fallecimiento. El arzobispo Montúfar dice, en un informe, que era "hombre viejo y de poca experiencia en los negocios del coro e iglesia". El arzobispo Moya de Contreras fué más explícito, pues manifiesta que no era "nada eclesiástico, ni hombre para encomendarle negocios" y "además liviano y mudable—que le agradaba la lisonja—, que era ambicioso de honra". Se sabe que, por entonces, buscaba obtener un obispado. Sin embargo, no hay nada en sus escritos que confirme la opinión que tenían ambos prelados.

Escribió Cervantes de Salazar, con el título de Túmulo imperial, *la relación de las exequias hechas en México al Emperador Carlos V* —impreso en 1560— *y un comentario a la jura de Felipe II.*

Hay de él unas epístolas laudatorias en el Vergel de Sanidad o banquete de caballeros y orden de vivir, *del Dr.* Luis Lobera de Avila, *impreso en Alcalá en 1542; en el* Arte Triphana, *de Fr.* Juan Bermudo, *editado en Osuna en 1550; en la* Dialectica Resolutio, *de Fr.* Alonso de la Veracruz, *impreso en México en 1554; en el* Speculum Conjugiorun, *del mismo autor, que sale de las prensas en 1556; en la* Opera Medicinalia, *de Francisco Bravo, 1570, y una epístola latina en la* Noticia crítica de varios libros curiosos, *impresa por D. Antonio de Sancha en 1778.*

Dejó inédita una Crónica de Nueva España, *publicada después, en parte, al cuidado de D. Francisco del Paso y Troncoso.*

JULIO JIMÉNEZ RUEDA.

DIALOGO PRIMERO

INTRODUCCION AL DIALOGO PRIMERO

El diálogo primero de D. Francisco Cervantes de Salazar está dedicado a la Universidad de México, tal como se encontraba organizada en el año de 1554. D. Joaquín García Icazbalceta, en la introducción a este diálogo, hace una breve historia de la Universidad que es conveniente sintetizar para conocimiento de los lectores. Refiere que el cronista Herrera dice que la primera disposición para fundar la Universidad data de 1539, gracias a la excitativa de Fray Bartolomé de las Casas. Antes de la Universidad habían sido ya establecidos diversos colegios para la enseñanza de los indios y de los mesti-

INTRODUCCION

zos: *el colegio de Tlaltelolco para los primeros y los de San Juan de Letrán y la Concepción para niños y niñas mestizas. El Virrey atendió la petición del Ayuntamiento de la ciudad para que se fundase en ella "una Universidad de todas ciencias, donde los naturales y los hijos de los españoles fuesen industriados en las cosas de nuestra Santa Fe Católica y en las demás facultades". Posterior instancia del Virrey, de la Ciudad, de prelados y religiosos movió al Emperador a despachar cédula real en Toro, a 21 de septiembre de 1551, firmada por el príncipe que después fué Felipe II, ordenando la fundación de la Universidad de México, dotándola con mil pesos de oro de minas en cada año, además de lo que producían las estancias donadas por D. Antonio de Mendoza, que no sabemos cuánto era, concediéndole los privilegios y franquicias que gozaba la de Salamanca, con algunas limitaciones, que después levantó el mismo Felipe II, ya Rey, por cédula dada en Madrid a 17 de octubre de 1562. El Papa, a petición del Rey, confirmó la fundación y privilegios en 1555, otorgándole las mismas franquicias que a la de Salamanca. Desde entonces tuvo el carácter de Real y Pontificia Universidad. Los primeros cursos comenzaron a*

MÉXICO EN 1554

darse en la casa situada en la esquina de las calles del Arzobispado y Seminario, el día 25 de enero de 1553, con asistencia del Virrey, Audiencia, Tribunales y Religiones. Se eligió por Rector a D. Antonio Rodríguez de Quesada, Oidor en la Real Audiencia, y por Maestrescuela a D. Gómez de Santillana, compañero en el tribunal del anterior, y los primeros catedráticos fueron algunos de los que menciona Cervantes de Salazar en su diálogo. Ocupaba la cátedra de Prima de Teología, el padre Fray Pedro de la Peña, dominico; la de Sagrada Escritura, Fray Alonso de la Veracruz, agustino y autor de los primeros tratados de filosofía que se publicaron en las prensas de la Nueva España; de Prima de Cánones o de Decretales, el Dr. Pedro Morones, Fiscal de la Audiencia; de Decreto, el Dr. Bartolomé Melgarejo; de Instituta o Cátedra de Leyes, el licenciado Bartolomé Frías de Albornoz; de Artes, el presbítero Juan García, canónigo de la Catedral; de Retórica, el autor de los diálogos, D. Francisco Cervantes de Salazar; de Gramática, el bachiller Blas de Bustamante. La Universidad quedó dividida, pues, en Facultad de Teología, de Derecho Canónico, de Derecho Civil y de Artes. Formalmente se abrieron los estu-

INTRODUCCION

dios el día 3 de junio del mismo año, inaugurándolos con una oración latina Cervantes de Salazar. A la primera lección de cada una de las cátedras concurrieron el Virrey y la Audiencia, inscribiéndose en ellas, como primeros alumnos, diez religiosos agustinos, entre ellos D. Fray Pedro de Agurto, mexicano, más tarde obispo de Zebú en Filipinas. En el primer claustro pleno que tuvo lugar el 21 de junio de 1553, se incorporaron en la Facultad de Teología el padre Fray Alonso de la Veracruz, en Artes; D. Juan Negrete, arcediano de la Metropolitana; el padre Peña, en Artes y en Teología; el presbítero Juan García, en Artes. Entretanto tuvo local propio, los claustros plenos se celebraron, primero, en el Palacio Real, después en la sala capitular de la Iglesia Catedral y posteriormente en las Casas de Cabildos. Hacia 1561 se transladó la Universidad a la calle de las Escalerillas, hoy primera de Guatemala, a una casa propiedad del Hospital de Jesús. En 1584, el Rector de la Universidad pidió se le concedieran cuatro de los solares que el Marqués del Valle poseía en la plazuela del Volador, previa compra que se hiciera de ellos a su dueño. A pesar de la resuelta oposición del apoderado del Marqués, la Audiencia concedió lo pedido y, a pesar de estar en litigio se puso la primera piedra el 24 de julio de 1584, suspendiéndose la obra por petición del Marqués, que logró se remitieran los autos del pleito iniciado, al Consejo de Indias, suspendiéndose la obra en espera de la resolución. En el año de 1589 vino a tierra parte del edificio en que se encontraba establecida la Universidad, transladándose los estudios a las casas del Marqués del Valle en el Empedradillo, y a pesar de estar pendiente el pleito, el Virrey Marqués de Villamanrique ordenó se siguieran las obras, transigiéndose, al fin, con el Marqués del Valle por la cantidad de ocho mil pesos, que se estimó como valor de los solares. El Ayuntamiento de la ciudad prestó en buena parte los fondos necesarios para la edificación. En el año de 1589 se establecieron definitivamente las cátedras en el solar del Volador. En el año de 1640 se fundaron las de idiomas mexicano y otomí y posteriormente las de Medicina. La Universidad fué uno de los centros de enseñanza más importantes en la época colonial. Rigieron, para ella, primero los estatutos provisionales dados por el Virrey y la Audiencia modificando los de Salamanca, en cuanto era necesario por las diferentes

INTRODUCCION

condiciones del país. Fueron reformados más tarde por el Oidor Farfán en 1580 y por el arzobispo Moya de Contreras en 1583. En 1645 el obispo Palafox, Visitador de la Universidad, le dió nuevos ordenamientos.

En el diálogo, Cervantes de Salazar se refiere a los profesores que estaban en ejercicio en su época: el Dr. Blas de Bustamante, que daba Gramática; Juan García, Dialéctica; Fray Alonso de la Veracruz, Teología; Dr. Pedro Morones, Cánones; Dr. Arévalo Sedeño, Decretales; Bartolomé Frías, Artes, y Juan Negrete, Teología.

Según cálculo que hace D. Joaquín García Icazbalceta, los profesores de Prima de Teología, Cánones y Leyes ganaban alrededor de setecientos pesos de oro al año; los de Vísperas, seiscientos, habiendo otros de quinientos, cuatrocientos y hasta cien pesos anuales, pesos de oro de minas que equivalían aproximadamente, en el año de 1875, a 792 los primeros; en la actualidad a algo más de mil quinientos y en la misma proporción los restantes.

Durante el siglo XIX la Universidad pasó por diversas vicisitudes: D. Valentín Gómez Farías la suprimió en el año de 1833; Santa Anna la reinstaló en el año siguiente, modificando sus estatutos. La importancia de la Universidad había decrecido en esta época, cuando el Presidente Comonfort la extinguió por decreto de 4 de diciembre de 1857. El decreto, creándola nuevamente, del general D. Félix Zuloaga, de 5 de marzo de 1858, no pudo galvanizar lo que era ya un cadáver. El Emperador Maximiliano la suprimió definitivamente por decreto de 30 de noviembre de 1865; el edificio desapareció en el año de 1908. D. Justo Sierra, con motivo de las fiestas del Centenario, creó la Universidad Nacional que fué solemnemente inaugurada el día 22 de septiembre de 1910. Se expidió ley concediéndole autonomía restringida en el año de 1929 y definitiva en el año de 1933.

LA UNIVERSIDAD DE MEXICO

Interlocutores: MESA, GUTIERREZ

MESA

Alégrome en verdad de tu venida a esta tierra, pues como sé que conoces muchos colegios de España, y según en tu viaje mismo lo manifiestas, eres amigo de ver cosas nuevas, al mostrarte lo que no has visto, aprenderé lo que deseo saber.

GUTIERREZ

Nada es tan natural al hombre, y así lo dice Aristóteles, como sentir una inclinación innata e irresistible a adquirir la sabiduría, que por abarcar tantas y tan elevadas materias, nos encanta con su variedad. En esta se complace igualmente la naturaleza, produciendo sin cesar cosas tan diversas, y por lo mismo, tan gratas a los hombres. Y como la variedad atrae y detiene la vista, así el ánimo se fija en lo que percibe por primera vez, fastidiándole infaliblemente la repetición de lo que ya conoce. Dígote todo esto para que entiendas, que no la codicia, como en muchos sucede, sino el deseo de ver cosas nuevas, es lo que me ha hecho atravesar con tanto peligro el inmenso Océano.

MESA

A cada uno arrastra su inclinación. Y como tú te dejas llevar de esa, así otros ceden a otras; pero en verdad que prefiero la tuya.

GUTIERREZ

Así sucede. Pero sírvete informarme de lo que no he querido preguntar a ningún otro: ¿qué edificio es ese con tantas y tan grandes ventanas arriba y abajo, que por un lado da a la plaza, y por el frente a la calle pública, en el cual entran los jóvenes, ya de dos en dos, ya como si fueran acompañando a un maestro por honrarle, y llevan capas largas y bonetes cuadrados metidos hasta las orejas?

MESA

Es la Universidad, donde se educa la juventud: los que entran son los alumnos, amantes de Minerva y de las Musas.

GUTIERREZ

En tierra donde la codicia impera, ¿queda acaso algún lugar para la sabiduría?

MESA

Venció la que vale y puede más.

GUTIERREZ

Sí; en aquellos que estiman las cosas en lo que realmente valen, y no toman las viles por preciosas, ni al contrario.

MESA

Pues a éstos que así juzgan, los venció y dominó antes la sabiduría; que a no ser así, de todo formarán juicio errado.

GUTIERREZ

Razón tienes. Pero ruégote que entremos juntos. Ancho es, por cierto, el zaguán, y muy espaciosos los corredores de abajo.

MESA

Iguales son los de arriba.

MÉXICO EN 1554

GUTIÉRREZ

Para el número y concurrencia de estudiantes tiene bastante amplitud el patio; y por este lado izquierdo hay espacio sobrado para cuadrar el edificio, igualando el lado derecho. Pero dime lo que importa más, y que realmente ennoblece a una Universidad, ¿qué tales profesores tiene?

MESA

Excelentes.

GUTIÉRREZ

Por supuesto que no pregunto de su honradez, sino de su instrucción y práctica en la enseñanza.

MESA

Son empeñosos, y versadísimos en todas ciencias. Y hasta te diré, nada vulgares, y como hay pocos en España.

GUTIERREZ

¿Y a quién se debe tan grande obra?

MESA

Al Emperador, bajo cuyos auspicios y gobierno se han hecho en todo el orbe cosas tan insignes.

GUTIERREZ

¿Cuáles son sus inmunidades y privilegios?

MESA

Muchos y grandes; conformes en todo a los de Salamanca.

GUTIERREZ

Merecen muchos más y mayores, si posible fuera, así los que enseñan tan lejos de su patria, como los que estudian en medio de los placeres y de la opulencia de sus familiares.

MESA

Antes bien debieras haber dicho, que a unos y otros debe honrarse por haber de ser los primeros que con la luz de la sabiduría disipen las tinieblas de la ignorancia que oscurecían este Nuevo Mundo, y de tal modo confirmen a los indios en la fe y culto de Dios, que se trasmita cada vez con mayor pureza a la posteridad.

GUTIERREZ

Juzgas tan acertadamente, que no hay más que añadir. Pero dime ya lo que tanto ansío saber: ¿qué emolumentos gozan, cuánto tiempo enseñan, y quiénes son estos celosos maestros de la juventud?

MESA

No a todos se da el mismo sueldo; a unos doscientos, a otros trescientos pesos de oro al año, según la importancia de la facultad y la ciencia del profesor. Sin embargo, considerando en general el esmero con que enseñan, y la carestía de la tierra, es bajísima de todos modos la asignación. Porque sólo la propia experiencia podrá hacer creer, que lo que en España compras con cualquier moneda de cobre, aquí no hallas quién te lo venda, no digo por el duplo, pero ni aun por el triplo de plata.

GUTIERREZ

Bien lo creo, porque a mi pesar lo he experimentado: lo más ordinario y común no se consigue sino con plata; no hay moneda de vellón como en España, y la que allá es pieza de plata, aquí es de oro.

MESA

Convendría, por lo mismo, que a los catedráticos se diese un sueldo tal que sólo se ocupasen en lo que tienen a su cargo, sin distraerse para nada en otras cosas, y que les bastara para sustentar medianamente sus personas y familias. Resultaría de esto lo que es preciso que suceda en cualquier escuela bien organizada: que habría mayor concurso de sabios, y estudiarían con más ardor los jóvenes que algún día han de llegar a ser maestros.

MÉXICO EN 1554

GUTIÉRREZ

Aumentará los honorarios el Emperador luego que sea de ello informado; y si, como se dice, las dignidades eclesiásticas y demás empleos se han de reservar para los que habiendo dado pruebas de su erudición sean considerados más dignos, esto infundirá grande ánimo a los escolares para proseguir incansables en sus estudios.

MESA

Hay muchas esperanzas de que así se hará. Mas ahora, para que sepas lo demás que preguntas, debo decirte que los días no feriados hay continuas lecciones y explicaciones de autores, de las siete a las once de la mañana, y de dos a seis de la tarde. Algunos profesores dan cátedra dos veces al día, y los demás una sola.

GUTIÉRREZ

Lo mismo es en Salamanca.

MESA

De las ciencias concernientes al lenguaje y al raciocinio, que guían a las demás, hay tres sobresalientes profesores.

GUTIERREZ

Dime quiénes son y a qué horas enseñan.

MESA

El que ves paseando por aquella grande aula de abajo, tan llena de discípulos, es el maestro Bustamante, que de ocho a nueve de la mañana, y por la tarde de dos a tres, enseña con tanto empeño como inteligencia la gramática, de que es primer profesor. Explica con cuidado los autores, desata las dificultades, y señala con bastante inteligencia las bellezas. No es poco versado en Dialéctica y Filosofía, en las cuales es maestro: y como hace veintiséis años que se emplea sin descanso en la enseñanza de la juventud mexicana, apenas hay en el día predicador o catedrático que no haya sido discípulo suyo.

GUTIERREZ

¡Cuán larga será su descendencia!, si quien forma el ánimo no merece menos el nombre de padre, que quien ha dado la existencia.

MESA

Ciertamente muy dilatada. A todos enseñó con gran brevedad y encaminó con buen éxito por la senda del saber, en cuanto permitió el ingenio de cada uno. Pero subamos, que allá arriba están las demás cátedras. La que se ve a la derecha está destinada a la lección de sagrada Teología, y en ella, de dos a tres, el Maestro Cervantes enseña Retórica, a los aficionados a la elocuencia, que vienen a oirle, y a los estudiantes de las demás facultades, para que realce el mérito de todas.

GUTIERREZ

Este Cervantes, si no me engaño, es el que también fué catedrático de Retórica en la Universidad de Osuna.

MESA

El mismo. En aquella esquina, pasada la magnífica clase en que se lee Derecho Civil y Canónico, hay dos salas bastante amplias. En la primera, el presbítero y Maestro en Artes, Juan García, enseña dos veces al día la Dialéctica, con mucho empeño y no menor provecho. Es persona digna de aprecio por su probidad y literatura.

GUTIERREZ

¡Dios mío! ¡con qué gritos y con qué manoteo disputa aquel estudiante gordo con el otro flaco! Mira cómo le hostiga y acosa.

MESA

Lo mismo hace el otro, y se defiende vigorosamente: sin embargo, según advierto, ambos disputan por una bagatela, aunque al parecer se trata de cosa muy grave.

GUTIERREZ

¿A quién van a oir tantos frailes agustinos que junto con algunos clérigos entran a la cátedra de Teología?

MESA

A Fray Alonso de la Veracruz, el más eminente Maestro en Artes y en Teología que haya en esta tierra, y catedrático de Prima de esta divina y sagrada facultad: sujeto de mucha y varia erudición, en quien compite la más alta virtud con la más exquisita y admirable doctrina.

GUTIERREZ

Según eso es un varón cabal, y he oído decir además que le adorna tan singular modestia, que estima a todos, a nadie desprecia, y siempre se tiene a sí mismo en poco.

MESA

Para leer Cánones, de que es catedrático de Prima, sube a la cátedra el Doctor Morones, a quien tanto debe la Jurisprudencia. Sus discípulos, que son muchos, le oyen con gusto por su claridad.

GUTIERREZ

Muchos le siguen.

MESA

Y con razón. De las diez a las once, y en la misma cátedra, el Doctor Arévalo Sedeño explica y declara los Decretos Pontificios con tal exactitud y perfección, que los más doctos en Derecho nada encuentran digno de censura, sino mucho que admirar, como si fuesen palabras de un oráculo. Es copioso en los argumentos estériles, conciso en los abundantes, pronto en las citas, sutil en las deducciones. Presenta sofismas y los deshace, nada ignora de cuanto hay más oscuro y elevado en Derecho, y por decirlo de una vez, es el único que puede hacer jurisconsultos a sus discípulos.

GUTIERREZ

Le oí en Salamanca, y cada día fueron creciendo las esperanzas que siempre se tuvieron de él.

MESA

Por la tarde, de tres a cuatro, lee Teología el Maestro en ella y en Artes, Juan Negrete, que el año pasado fué Rector de la Universidad. Asombra su saber en Filosofía y Matemáticas, y porque nada le falte para abrazar todas las ciencias, tampoco ignora la Medicina.

GUTIERREZ

Sujeto como se necesitaba para tan insigne Universidad.

MESA

De las cuatro a las cinco da cátedra de Instituta, con bastante acierto, el Doctor Frías, Maestro también en Artes, peritísimo en griego y latín; pero lo más admirable es que aún no ha cumplido treinta y cuatro años.

GUTIERREZ

Según me informas, hay en esta naciente escuela profesores sabios e insignes, todos muy capaces de desempeñar con gran fruto su cargo en cualquiera Universidad de las más antiguas y famosas. ¿Pero no hay, por ventura, en México, otro gramático? Porque uno solo, por instruido que sea, no sé si podrá bastar.

MESA

Tuvimos antes a Puebla, Vázquez, Tarragona, Martín Fernández, de no común erudición en Dialéctica y Física, y un tal Cervantes, que según decían muchos, era muy versado en letras griegas y latinas; hubo además otros varios que enseñaron con buen éxito, pero no han proseguido en ello, por haberse dedicado a otras ocupaciones. Sin embargo, vino hace poco de España un Diego Díez, quien en una escuela privada explica con todo esmero las reglas y los autores; y será cada día más útil a la juventud, porque él también se dedica asiduamente al estudio, según me dicen.

GUTIERREZ

Perfectamente. Pero ¿quién es aquel hombre tan alto, con ropa talar, y una maza de plata al hombro?

MESA

El macero de la Universidad, que en castellano llamamos Bedel. Es hombre de estudios, circunstancia que no sienta mal en tal empleo.

GUTIERREZ

¿Y qué dice, con la cabeza descubierta, al catedrático de Teología?

MESA

Que mañana no ha de dar cátedra, por ser día festivo, según las constituciones de la Universidad.

GUTIERREZ

¿Está señalado por tal el jueves, si no hay otro día de fiesta entre semana?

MESA

Así es costumbre en esta Universidad.

GUTIERREZ

¿Qué contiene aquel papel fijado en la puerta?

MESA

Conclusiones físicas y teológicas; unas problemáticas, otras afirmativas, otras negativas, que, según allí mismo se expresa, se han de defender e impugnar en esta cátedra de Teología el martes, o la feria tercera, como dicen los escolares.

GUTIERREZ

¿Son acometidos con mucho vigor los que descienden a la palestra para defender las conclusiones?

MESA

Terriblemente, y es tal la disputa entre el sustentante y el arguyente, y de tal modo vienen a las manos, que no parece sino que a ambos les va la vida en ello. En asiento elevado está, con muceta y capirote doctoral, insignia de su grado y dignidad, uno de los maestros, a quien tocó el puesto según las constituciones, y es quien dirige la controversia y aclara las dudas: presidente del certamen y juez de la disputa, como le llama Vives.

GUTIERREZ

¿Por ventura los que bajan a la arena pelean siempre con el mismo brío y fortaleza?

MESA

Nada de eso: unos descargan golpes mortales y hacen desdecirse al adversario; otros lo procuran y no lo consiguen. Algunos pelean con malas armas, que al punto se embotan; ya porque son principiantes y nunca han bajado a la palestra, ya por falta de ingenio suficiente.

GUTIERREZ

¿Acontece alguna vez que el sustentante se dé por vencido?

MESA

Casi nunca, porque no falta quien le ayude, bien sea el presidente o algún otro de los aguerridos que se han hallado en muchos combates, y suele acontecer que siendo de opiniones contrarias doctores y licenciados, se traba el combate entre ellos con mucho más calor que entre los mismos que sostenían antes la disputa.

GUTIERREZ

¿Quién pone término a la cuestión?

MESA

La noche, porque no hay allí otro Palemón; pues muchas veces el presidente del acto o padrino del sustentante es acometido con más vigor que el discípulo o ahijado a quien patrocina, o que algún otro cuya defensa tomó viéndole metido en la contienda.

GUTIERREZ

¿Ha habido ya lecciones de candidatos?

MESA

Todavía no, porque los discípulos de Lógica aún no han obtenido el primer grado de bachiller; pero pronto las habrá, puesto que hasta ahora por falta de tiempo no se ha podido. Sin embargo, ya recibieron el primer grado en sagrados Cánones, porque los habían estudiado en Salamanca, el presbítero Bernardo López, provisor del obispado de Oaxaca, persona de notable erudición, el Doctor Frías y el Maestro Cervantes.

GUTIERREZ

¿Por quién fueron graduados?

MESA

Por el doctor Quesada, oidor de la Real Audiencia, sujeto tan perito en ambos Derechos, que es digno de ser comparado a los antiguos, según pueden testificarlo Salamanca y Alcalá.

GUTIERREZ

¿Con qué aparato se da la borla y cuánto cuesta?

MESA

Con grandísima pompa, y con tal gasto, que mucho menos cuesta en Salamanca.

GUTIERREZ

¿Cuántos doctores y maestros hay?

MESA

Entre los que se han graduado en México, y los que alcanzaron el título en otras partes, pero que ahora son del claustro y gremio de esta Universidad, hay tantos, que apenas serán más en Salamanca: a lo que se agrega, para mayor dicha de tan ilustre Academia, que D. Fr. Alonso de Montúfar, Arzobispo de México, e insigne Maestro en sagrada Teología, se cuenta el primero en el número de sus doctores; siendo tan aficionado a las letras y a los literatos, que nada procura con tanto empeño como excogitar medios para que sean siempre mayores los adelantos de la literatura.

GUTIERREZ

¡Cuán cierto es aquello de

Dame, Flaco, Mecenas, y no faltarán Marones!

Los que desean graduarse en Teología, Filosofía o Jurisprudencia, ¿qué comprometen en el examen privado?

MESA

Lo mayor de todo, es decir, la honra, que muchos estiman más que la vida; ninguno hay tan confiado en sí mismo, que no tenga gran temor de que en aquel lance le pongan una negra C, porque nadie puede tener agotada una materia.

GUTIERREZ

Para aprobar y reprobar ¿usan aquí las mismas letras que en Salamanca, es decir, la A y la R?

MESA

Exactamente las mismas; pero los antiguos usaban tres para votar: la C que condenaba, por lo cual se dijo *poner una negra C;* la A que aprobaba, y la L y N, que significaban *non liquet,* esto es, "no está claro".

GUTIERREZ

¿No tiene biblioteca esta Universidad?

MESA

Será grande cuando llegue a formarse. Entretanto, las no pequeñas que hay en los conventos servirán de mucho a los que quieran frecuentarlas. Mas ya que te he hecho la descripción de la Universidad de México, dime en breves razones, si no te sirve de molestia, ¿cómo es la de Salamanca, que se tiene por la más célebre de España?

GUTIERREZ

¿Quién podrá compendiar cosa tan grande en pocas palabras?

MESA

El que pueda escribirla con muchas, pues Macrobio escribe que Virgilio con este verso

Los campos donde Troya fué,

deshizo y borró una gran ciudad.

GUTIERREZ

Pues lo diré, acaso con más brevedad de la que pedías. La Universidad se divide en dos escuelas, poco apartadas entre sí, y que llaman mayor y menor. La mayor tiene en el piso bajo muchas y grandísimas cátedras, cada una con el letrero de la facultad que en ella se enseña. El patio es tan largo y ancho como corresponde a la extensión de las cátedras, rodeado de pórticos amplísimos. Hay también en el piso bajo una capilla muy bien aderezada, donde se celebran los oficios divinos: sobre ella, y a conveniente altura, es de ver el reloj, que no sólo da las horas sino también los cuartos, por medio de dos carneros que vienen a topar mutuamente en la campana. Casi desde que amanece hasta que anochece se dan sin intermisión lecciones de todas ciencias: de algunas no hay sólo dos o tres catedráticos, sino muchos y muy doctos, aunque no todos son de la misma categoría, ni disfrutan igual sueldo. Los hay de primera, segunda y tercera clase; y así como los honores y emolumentos no son los mismos, tampoco es igual en todos la erudición. Los catedráticos de Prima y el de Derecho tienen el primer lugar, como los generales en un ejército; síguense los de Vísperas. En parte alguna hay mayor concurrencia de estudiantes, y a ellos toca votar para la provisión de cátedras. Ocupan la escuela menor muchos gramáticos versadísimos, que con diversos sueldos regentean las cátedras de su ramo. En ambas escuelas, además de los profesores dotados por el rey, hay otros muchos igualmente doctos que aspiran a ganar cátedras, y que por lucir su ingenio o captarse el aplauso y favor de los escolares, explican con todo empeño y claridad los arcanos de las ciencias. Omito hacer mención de los innumerables colegios donde, sin pagar nada, son mantenidos algunos colegiales siete años, otros ocho, y aún más. De estos colegios apenas sale quien no pueda ser oidor o presidente de alguna audiencia real, u obtener cualquier otro empleo en el orden civil o eclesiástico. En los conventos, que son muchos, hay asimismo estudios particulares de Artes y Teología. Y para que nada se eche de menos, también hay certámenes literarios. ¿Quieres, por último, que en una sola palabra encierre yo lo que no cabría en un largo discurso? No hay en Sicilia tanta abundancia de trigo, como en Salamanca de sabios. Con todo, esta Academia vuestra, fundada en región antes inculta y bárbara, apenas nace cuando lleva ya tales principios, que muy pronto hará, según creo, que si la Nueva España ha sido célebre hasta aquí entre las demás naciones por la abundancia de plata, lo sea en lo sucesivo por la multitud de sabios.

MESA

Mucho me has dicho en brevísimas razones. Cuando estemos más desocupados te servirás explicarme algunas cosas que piden tratarse con más detenimiento. Por ahora, vamos a comer, que ya es cerca de medio día.

DIALOGO SEGUNDO

INTRODUCCION AL DIALOGO SEGUNDO

Dialogan en el segundo los vecinos Zuazo y Zamora con el forastero Alfaro, mientras recorren las calles de la ciudad. Parte la pequeña comitiva de la antigua calle de Santa Clara y se dirigen por la de Tacuba rumbo a la Plaza de Armas. Les admira el aspecto de la avenida larga, ancha y una de las pocas empedradas que había en la ciudad, con su canal en el centro para que corriera el agua. Les sorprende, asimismo, lo bien alineado de las casas y la relativa magnificencia de las mismas. Muchas presentaban el aspecto de fortalezas, con los escudos de los dueños en las portadas. Difieren de las de Castilla en no tener tejados, sino que rematan en azoteas.

INTRODUCCION

En la esquina de Tacuba y el Empedradillo descubren el edificio de la Real Audiencia y residencia del Virrey en las viejas casas de Cortés. (Manzana limitada por lo que es hoy la Avenida Madero, Empedradillo y Tacuba). Desde ahí descubren la Plaza Mayor. Pasan frente al Portal de Mercaderes y aprecian la calle que es ahora del Cinco de Febrero comunicada a la plaza por un puente de piedra. Dan vuelta frente a las casas de Cabildo por uno de los lados de la Acequia que desde Ixtacalco y Santa Anita penetraba hasta el centro de la ciudad. Sobre los soportales se encontraba la Sala de Cabildo y tenía el edificio, a su espalda, la carnicería y la cárcel de la ciudad. Seguía la casa de la fundición y después las llamadas casas de doña Marina, probablemente la esposa del tesorero don Alonso de Estrada y no la célebre Malintzin. Admiran las casas del Marqués del Valle (ahora Palacio Nacional). Recia construcción, con sus tres patios y sus cuatro grandes crujías de piezas. La habitaba entonces el gobernador del marquesado, D. Pedro de Ahumada.

Les sorprende que la catedral sea un templo "tan pequeño, humilde y pobremente adornado". La iglesia se encontraba, en efecto, situada en parte de lo que es el atrio de la actual, con el altar hacia el oriente y la puerta de entrada hacia el poniente. Poco después comenzó a construirse la nueva fábrica. A las casas del Marqués desembocaba la calzada de Ixtapalapa.

En el costado norte de las casas del Marqués se levantaba el Arzobispado, y junto a él la primitiva Universidad, donde Cervantes de Salazar comenzó a enseñar.

La antigua calle de las Atarazanas es, ahora, la segunda de Guatemala. Para llegar al convento de Santo Domingo hubieron de pasar por las actuales calles de la Argentina 1^a, 2^a y 3^a y dar vuelta por la Encarnación, hoy de San Ildefonso. Desde ahí contemplan el gran monasterio, con su huerta amplísima y su templo magnífico. Continúan por la actual calle de Belisario Domínguez hasta encontrar el convento de la Concepción y siguiendo su costado oriente, el de San Francisco, con su enorme cruz de madera en el atrio que sobresalía de los árboles del mismo, su capilla abierta hacia el poniente, y enfrente de él, el colegio de San Juan de Letrán para niños mestizos.

INTRODUCCION

Las casas de los indios se encontraban diseminadas, sin orden, más allá de la traza que limitaba al oeste esta calle. Contemplan en seguida el gran mercado de San Juan, que con el de Tlaltelolco y el de San Hipólito constituía uno de los tres más importantes tianguis de la ciudad. En él se vendía todo género de legumbres, frutas y objetos de la tierra. Siguen después por la actual calle de El Salvador, hasta encontrar el convento de San Agustín, pasando por las calles del portal de Tejada. Amplio era el convento y hermoso también el templo. No el mismo, por cierto, que el que actualmente ocupa la Biblioteca Nacional, pues las construcciones de los templos del siglo XVI hubieron de ser destruidas para edificar las nuevas, que con algunas modificaciones, son las mismas que actualmente contemplamos. Remata la excursión enfrente al Hospital de Jesús, fundado por Cortés, que se levanta todavía en la esquina de Pino Suárez y El Salvador.

INTERIOR DE LA CIUDAD DE MEXICO

Interlocutores:

ZUAZO y ZAMORA, vecinos; ALFARO, forastero

ZUAZO

Es tiempo ya, Zamora, de que llevemos a pasear por México, cual nuevo Ulises, a nuestro amigo Alfaro, que tanto lo desea, para que admire la grandeza de tan insigne ciudad. De este modo, mientras le vamos enseñando lo más notable, él nos dirá algo que no sepamos, o nos confirmará lo que ya sabemos.

ZAMORA

Bien pensado, como siempre acostumbras, pues nunca enseñamos con tanto provecho, como cuando al instruir a los demás, aprendemos algo nosotros mismos. Mas dime cómo te parece que iremos mejor: a pie o a caballo.

ZUAZO

Como guste Alfaro, a cuyo obsequio hemos dedicado hoy el día.

ALFARO

Mejor es a caballo, para que vayamos en conversación y sin cansarnos: cuando fuere necesario nos apearemos para entrar en las iglesias o en palacio.

MÉXICO EN 1554

ZUAZO

Ya que así lo prefieres, y pues vendrás cansado del camino, monta en la mula, que te llevará a paso suave y sin maltratarte. Nosotros iremos a caballo: Zamora con las piernas dobladas, y yo extendidas, porque así lo exigen las sillas.

ALFARO

¿Por qué no son iguales las sillas, frenos, bridas y pretales?

ZUAZO

Porque así como no todo conviene a todos los hombres, así tampoco son propios para todos los caballos los mismos jaeces: de unos necesitan los grandes y briosos, de otros los pequeños y de paso llano.

ZAMORA

En fin, salgamos, que de eso hablaremos otra vez. Vaya en medio Alfaro, con eso gozamos igualmente ambos de su conversación.

ZUAZO

¿Qué calle tomaremos?

ZAMORA

La de Tacuba, que es una de las principales, y nos lleva en derechura a la plaza.

ALFARO

¡Cómo se regocija el ánimo y recrea la vista con el aspecto de esta calle! ¡Cuán larga y ancha! ¡qué recta! ¡qué plana! y toda empedrada, para que en tiempo de aguas no se hagan lodos y esté sucia. Por en medio de la calle, sirviendo a ésta de adorno y al mismo tiempo de comodidad a los vecinos, corre descubierta el agua, por su canal, para que sea más agradable.

ZAMORA

¿Qué te parecen las casas que tiene a ambos lados, puestas con tanto orden y tan alineadas, que no se desvían ni un ápice?

MÉXICO EN 1554

ALFARO

Todas son magníficas y hechas a gran costa, cual corresponde a vecinos tan nobles y opulentos. Según su solidez, cualquiera diría que no eran casas, sino fortalezas.

ZUAZO

Así convino hacerlas al principio, cuando eran muchos los enemigos, ya que no se podía resguardar la ciudad, ciñéndola de torres y murallas.

ALFARO

Prudente determinación; y para que en todo sean perfectas, tampoco exceden de la altura debida, con el fin, si no me engaño, de que la demasiada elevación no les sea causa de ruina, con los terremotos que, según oigo decir, suele haber en esta tierra; y también para que todas reciban el sol por igual, sin hacerse sombra unas a otras.

ZUAZO

Por las mismas razones convino, no solamente que las calles fuesen anchas y desahogadas, como ves, sino también que las casas no se hicieran muy altas, según discurriste muy bien; es decir, para que la ciudad fuese más salubre, no teniendo edificios elevadísimos que impidieran los diversos vientos que con ayuda del sol disipan y alejan los miasmas pestíferos de la laguna vecina.

ALFARO

Las jambas y dinteles no son de ladrillo u otra materia vil, sino de grandes piedras, colocadas con arte: sobre la puerta están las armas de los dueños. Los techos son planos, y en las cornisas asoman unas canales de madera o barro, por donde cae a la calle el agua llovediza.

ZAMORA

Pues qué, ¿en España techan de otro modo las casas?

MÉXICO EN 1554

ALFARO

No todas del mismo modo. En ambas Castillas especialmente (pues en Andalucía es vario el uso), la mayor parte de las casas están cubiertas de tejas curvas, que formando muchas como canales, recogen las aguas del cielo y las arrojan al patio; de suerte que la parte más elevada del edificio, llamada por unos *cubierta* y por otros *tejado,* va subiendo desde ambas paredes maestras, no desde las transversales, hasta terminar en caballete: en lo más alto llevan por adorno veletas, torrecillas o cualquier otro remate. Tales techos, porque tienen dos descensos y reparten el agua a ambos lados, se llaman *de dos aguas,* así como techos *a cuatro vertientes* los que bajan por los cuatro costados. Vuestros techos planos, inventados por los griegos, y usados ahora en Campania, tienen su nombre propio. Mas pregunto: ¿qué edificio es aquel, mucho más elevado y fuerte que los otros, y con tantas tiendas en los bajos, el cual se extiende a mano derecha, pasada esa ancha y magnífica calle empedrada?

ZAMORA

Es un costado del Palacio, y otro es el que cae a esta otra calle: ambos están unidos por la torre de la esquina.

ALFARO

Eso no es palacio, sino otra ciudad.

ZUAZO

Desde esta calle que, como ves, atraviesa la de Tacuba, ocupan ambas aceras, hasta la plaza, toda clase de artesanos y menestrales, como son carpinteros, herreros, cerrajeros, zapateros, tejedores, barberos, panaderos, pintores, cinceladores, sastres, borceguineros, armeros, veleros, ballesteros, espaderos, bizcocheros, pulperos, torneros, etc., sin que sea admitido hombre alguno de otra condición u oficio.

ALFARO

¡Qué ruido y qué bulliciosa muchedumbre de gente a pie y a caballo! Más parece una gran feria que una calle. ¿Quiénes ocupan este piso alto, adornado de tan grandes ventanas?

ZUAZO

La Real Audiencia; y la crujía interior, aún más magnífica, es del virrey.

ALFARO

Habitación digna ciertamente de personajes tan elevados. ¿Pero qué significan aquellas pesas colgadas de unas cuerdas? ¡Ah! No había caído en cuenta: son las del reloj.

ZUAZO

En efecto; y está colocado en esa elevada torre que une ambos lados del edificio, para que cuando da la hora, la oigan en todas partes los vecinos.

ALFARO

Muy bien pensado.

ZUAZO

Estamos ya en la plaza. Examina bien si has visto otra que le iguale en grandeza y majestad.

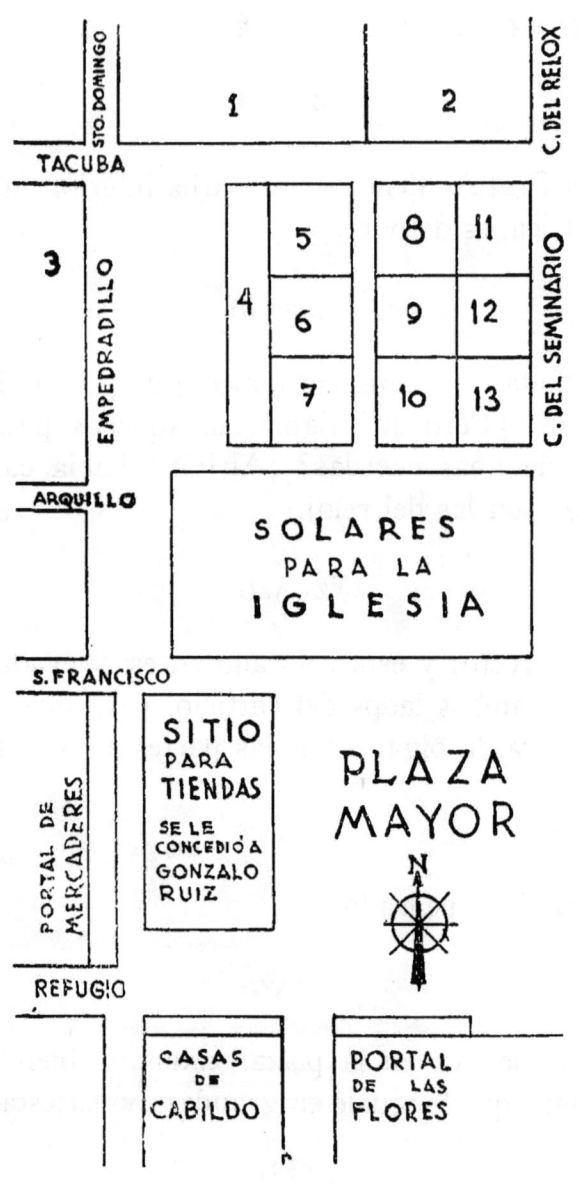

CLAVE

1. Padre Villagrá.
2. Padre L. Méndez.
3. Casas Viejas de Cortés.
4. Tiendas de los tañedores.
5. Luis de la Torre.
6. Juan de Hinojosa.
7. Gonzalo de Alvarado.
8. Alonso de Villanueva.
9. Doctor Hojeda.
10. Juan de la Torre.
11. Cristóbal Flores.
12. Pedro Castillo.
13. Gonzalo de Sandoval.
14. Hernando Alonso Herrero.
15. Pedro de Moya.
16. Pedro González.
17. Casas Nuevas de Cortés (Palacio).

ALFARO

Ciertamente que no recuerdo ninguna, ni creo que en ambos mundos pueda encontrarse igual. ¡Dios mío!, ¡cuán plana y extensa!, ¡qué alegre!, ¡qué adornada de altos y soberbios edificios, por todos cuatro vientos!, ¡qué regularidad!, ¡qué belleza!, ¡qué disposición y asiento! En verdad que si se quitasen de en medio aquellos portales de enfrente, podría caber en ella un ejército entero.

ZUAZO

Hízose así tan amplia para que no sea preciso llevar a vender nada a otra parte; pues lo que para Roma eran los mercados de cerdos, legumbres y bueyes, y las plazas Livia, Julia, Aurelia y Cupedinis, esta sola lo es para México. Aquí se celebran las ferias o mercados, se hacen las almonedas, y se encuentra toda clase de mercancías; aquí acuden los mercaderes de toda esta tierra con las suyas, y en fin, a esta plaza viene cuanto hay de mejor en España.

ZAMORA

Esta es la fachada del real Palacio, y tercer lado de él.

ALFARO

Aunque tú no lo dijeses, hasta de sobra lo dan a conocer aquellos corredores altos, adornados de tantas y tan altas columnas, que por sí solas tienen cierta majestad regia.

ZUAZO

Las columnas son redondas, porque Vitruvio no recomienda mucho las cuadradas, y menos si son estriadas y aisladas.

ALFARO

¡Qué bien se guarda en ellas la proporción de la altura con el grueso!

ZUAZO

Advierte con qué primor están labrados los arquitrabes.

ALFARO

No les ceden las basas; pero lo que hace solidísimo el corredor, y le da una apariencia en verdad regia, son los arcos labrados primorosamente de la misma piedra, que puestos sobre las columnas en lugar de vigas, sostienen el techo para que jamás se derrumbe. También hay balaustradas de piedra, para que nadie corra peligro de caer.

ZUAZO

A estas salas abiertas, que tú llamas *corredores,* porque sirven para pasar, o *solanas,* porque en ellas se toma el sol, llamaron también los antiguos *procestria.* Las hacían con columnas de piedra o ladrillo, colocadas a distancias iguales, sobre cuyas impostas se formaban los arcos, como aquí, para que quedase más majestuoso el edificio. Los arcos eran siempre de medio punto, a semejanza del que vemos en el cielo, y llamamos *arco-iris.* Se ponían también antepechos de piedra o madera, para evitar caídas, como las trincheras que usan en la milicia los sitiadores para circunvalar las ciudades.

ALFARO

Hablas doctamente. Sin embargo, también las oigo llamar *galerías,* y por ese estilo son los miradores que caen a los patios, jardines o plazas, y reciben los rayos del sol y de la luna. Los barandales con que se rodean las piezas altas, a fin de evitar que por los vanos cayesen quienes andaban en ellas, eran llamados *periboli,* o como dice San Gerónimo, *septa, coronae y circuitus;* o también *loriculae* (pretiles), por la misma metáfora que *loricae* (parapetos).

ZAMORA

Observa ahora, además, qué multitud de tiendas y qué ordenadas, cuán provistas de valiosas mercaderías, qué concurso de forasteros, de compradores y vendedores. Y luego cuánta gente a caballo, y qué murmullo de la muchedumbre de tratantes. Con razón se puede afirmar haberse juntado aquí cuanto hay de notable en el mundo entero.

ALFARO

¿Qué son aquellas gentes que en tanto número se juntan en los corredores de palacio, y que a veces andan despacio, a veces aprisa, ora se paran, luego corren, tan pronto gritan como se callan, de modo que parecen locos?

ZUAZO

Son litigantes, agentes de negocios, procuradores, escribanos y demás, que apelan de los alcaldes ordinarios a la Real Audiencia, que es el tribunal superior.

ZAMORA

Allí cerca está la sala del real acuerdo, adonde van todos estos a litigar. Si quieres verla, apeémonos, para que a pie veamos también todo el ámbito de la plaza.

ALFARO

Nada me será más agradable.

MÉXICO EN 1554

ZUAZO

El zaguán es éste; síguese el patio, y aquella escalera conduce al tribunal.

ZAMORA

Este aposento que ves, lleno de mesas, bancos y escribientes, le ocupa el correo mayor, sujeto de conocida actividad. Este pasadizo sin puertas, que cae al patio, da entrada a la habitación del virrey, e inmediato está el tribunal. Descúbrete, pues, la cabeza, entra callado y con respeto, y si algo se te ofrece hablar, hazlo en voz baja.

ALFARO

El salón es por cierto grande y bien adornado, e infunde no sé qué respeto al entrar. En lugar elevado, se sientan alrededor del virrey los cuatro oidores. Sólo habla el ministro semanero, y eso rara vez y poco, porque el silencio realza la autoridad. Los demás no toman la palabra sino cuando el punto es intrincado, o necesitan pedir explicaciones para formar juicio más seguro. El estrado está cubierto de ricas alfombras, y los asientos quedan bajo un dosel de damasco galoneado.

ZUAZO

El virrey se sienta en un almohadón de terciopelo, y de lo mismo es el cojín que tiene a los pies. Poco más abajo están sentados a uno y otro lado el fiscal, alguacil mayor, abogado de pobres, protector y defensor de indios, y los demás letrados que tienen pleitos. También la nobleza y los concejales, cada uno en el lugar que le corresponde, según su empleo y dignidad.

ZAMORA

En sitio inferior, al cual se baja por unas gradas, hállanse a ambos lados escribanos y procuradores: frente a los oidores están sentados a una mesa el escribano de cámara y el relator: aquél escribiendo los acuerdos, y éste haciendo relación de los asuntos. Detrás hay un enverjado de madera, que divide la sala, a fin de que la gente baja y vulgar no vaya a sentarse con los demás: tras este enverjado están en pie, tanto los que tienen derecho de tomar asiento, pero no quieren tomarle, como los que aun cuando quisieran no podrían, porque no gozan de esa preeminencia.

ALFARO

¡Con cuánto respeto se levanta de su asiento, con la cabeza descubierta, aquel abogado anciano, y defiende a su cliente!

ZUAZO

Mira también cómo se alza del lado opuesto, otro no menos encanecido, y pedida la venia con gran respeto, disiente y contradice.

ZAMORA

Ya impuso silencio a ambos el portero del tribunal, porque han disputado más de lo suficiente. Salgamos, pues, para que haya tiempo de enseñar a Alfaro, antes de la comida, lo que aún nos falta que ver. Volvámonos a cubrir.

ALFARO

En verdad, que habiendo visto esta Audiencia, no hay para qué desear ver las de Granada y Valladolid, que son las más insignes de España.

ZAMORA

Al Palacio y sus tiendas bajas, se siguen, después de pasar la calle de San Francisco, unos anchos y extensos portales, más concurridos que lo fueron en Roma los de Corinto, Pompeyo, Claudio y Livio.

ALFARO

"Donde el pórtico Claudio extiende su dilatada sombra".

ZAMORA

Este es el *medius Janus,* paraje destinado a los mercaderes y negociantes, como en Sevilla las gradas, y en Amberes la bolsa: lugares en que reina Mercurio.

ALFARO

Las habitaciones que hay sobre el portal creo que serán de los dueños de las tiendas de abajo.

ZAMORA

Justamente.

ALFARO

¿Hacia dónde va esa calle que pasa por un puente de piedra, más allá de los portales?

ZUAZO

Al convento de los agustinos.

ALFARO

No es menos ancha que la de Tacuba.

ZUAZO

Otras muchas hay tan buenas como esa, sólo que les falta el empedrado. Pero contempla detenidamente cuánto adornan y enriquecen la plaza los portales que viendo al oriente quedan al lado, pues el Palacio está hacia el mediodía.

ZAMORA

En ellos está el Tribunal inferior, donde administran justicia dos alcaldes que el ayuntamiento nombra cada año, y tienen facultad de imponer pena capital.

ALFARO

En Roma había tres tribunales: en México no sé los que habrá.

ZAMORA

Otros tantos, incluyendo el eclesiástico; pero muy diferentes de aquéllos.

ALFARO

De aquí vino sin duda aquella frase vulgar: *foro utere.*

MEXICO EN 1554

ZAMORA

Creo que sí. Arriba está la sala de cabildo, famosa por su galería de columnas y arcos de piedra con vista a la plaza. Linda por la espalda con la cárcel llamada *de ciudad*, para distinguirla de la *real*, y junto a ésta queda la carnicería.

ZUAZO

Por el frente vemos en seguida la casa de la fundición, no menos magnífica que la de cabildo. En un amplio local del piso bajo están como encerrados los oficiales que sellan la plata; y para evitar fraudes tienen prohibición de ejecutarlo en otra parte. En los portales bajos del Palacio se hacen también las almonedas públicas, y los oficiales reales pesan las barras de plata, para cobrar el quinto de S. M. Este segundo lado de la gran plaza se cierra con las casas llamadas de Dª Marina, que siguen a los portales. Una acequia que corre hacia la laguna, es de grandísima utilidad a esta hermosa hilera de pórticos y galerías, pues cuanto necesitan los vecinos se trae por ella desde muy lejos en canoas gobernadas con varas largas, que los indios usan en lugar de remos.

ALFARO

Paréceme ver la misma Venecia.

ZAMORA

El terreno en que ahora está fundada la ciudad, todo era antes agua, y por lo mismo los mexicanos fueron inexpugnables y superiores a todos los demás indios. Como habitaban en la laguna, hacían a mansalva excursiones contra los vecinos, valiéndose de grandes troncos ahuecados, que usaban por barcas. Ningún daño recibían de los enemigos, pudiendo recogerse a sus casas como a asilo seguro, defendido por la naturaleza.

ALFARO

¿Pues cómo pudo Cortés ganar ciudad tan populosa y asentada entre pantanos, igualmente impropios para infantería que para caballería?

MÉXICO EN 1554

ZUAZO

Con una traza deshizo otra; pues reconocida primero la profundidad de la laguna, construyó, con ayuda de Martín López, ciertos navichuelos, capaces de acometer uno solo muchas canoas y vencerlas.

ALFARO

¡Oh héroe ingenioso, de ánimo superior a todos, y nacido sólo para grandes empresas!

ZAMORA

Sus casas quedan enfrente del Palacio, y mira bien cómo pregonan la grandeza del ánimo excelso de su dueño.

ALFARO

¡Cuán extensa y fuerte es su fachada! De arriba a abajo son todas de calicanto, con viguería de cedro; por el otro lado dan a la acequia: divídense en tres patios, rodeado cada uno de cuatro grandes crujías de piezas: la portada y el zaguán corresponden al resto del edificio. Pero ¿quién las habita?, pues el dueño está en España.

ZUAZO

Su gobernador Pedro de Ahumada, sujeto notable por su fidelidad y prudencia; digno ciertamente de desempeñar tan grave cargo.

ALFARO

Así lo oí decir a muchos cuando estaba yo en España. ¿Qué iglesia es esa que se ve en medio de la plaza?

ZAMORA

Es la catedral, dedicada a la Virgen María.

ALFARO

¿Qué es lo que dices? ¿Allí es donde el arzobispo y el cabildo celebran los divinos oficios, con asistencia del virrey, de la audiencia y de todo el vecindario?

ZUAZO

Ciertamente, y no hay donde se tribute mayor culto a Dios.

ALFARO

Da lástima que en una ciudad a cuya fama no sé si llega la de alguna otra, y con vecindario tan rico, se haya levantado en el lugar más público un templo tan pequeño, humilde y pobremente adornado; mientras que en España no hay cosa que a Toledo (ciudad por lo demás nobilísima) ilustre tanto como su rica y hermosa catedral. Sevilla, ciudad opulentísima, es ennoblecida por su excelso y aun mucho más rico templo. Pero qué mucho, si hasta las iglesias de los pueblos son tan notables y tan superiores a los demás edificios, que siempre es lo más digno de ver que hay en cada lugar.

ZAMORA

Por ser muy cortas sus rentas, no ha podido edificarse un templo correspondiente a la grandeza de la ciudad, a lo que se agrega haber carecido de prelado en estos últimos cinco años. Mas pues que ya tiene a Fr. Alonso de Montúfar, pastor eminente en religión y en letras, hay grandes esperanzas de que muy pronto quedará hecho como se debe y como tú deseas.

ALFARO

¿Adónde va a dar esa calle tan ancha, que desde el palacio del Marqués no tiene casas, y viene a acabar en plaza?

ZUAZO

Al hospital de los enfermos del mal venéreo, edificio no despreciable como obra de arte.

ALFARO

¿De quién es aquella elevada casa a la izquierda, con elegantes jambajes, y cuya azotea tiene a los extremos dos torres, mucho más altas que la del centro?

ZUAZO

Es el palacio arzobispal, en el que hay que admirar aquel primer piso adornado de rejas de hierro, que estando tan levantado del suelo, descansa hasta la altura de las ventanas sobre un cimiento firme y sólido.

ALFARO

Ni con minas le derribarán. Pero sin salir de esta misma acera, ¿qué es aquella casa última junto a la plaza, adornada en ambos pisos por el lado del poniente, con tantas y tan grandes ventanas, y de las que oigo salir voces como de gentes que gritan?

ZUAZO

Es el santuario de Minerva, Apolo y las Musas: la escuela donde se instruyen en ciencias y virtudes los ingenios incultos de la juventud; los que gritan son los profesores.

ALFARO

¿Y de dónde viene esa acequia que corta la calle?

ZUAZO

Es la misma que corría por la de Tacuba. Pero antes de montar a caballo, contempla desde aquí cuán anchas y largas son las dos calles que en este lugar se cruzan. La de Tacuba, que pierde aquí su nombre, va siguiendo la línea recta del canal, hasta la fortaleza, que llamamos *Atarazanas,* y tanto se alarga que ni con ojos de lince puede vérsele el fin. Esta otra, no menos ancha y larga, que corre por la plaza, delante de la Universidad y del palacio del Marqués, y pasando por un puente de bóveda, se prolonga hasta mucho más allá del hospital del Marqués, dedicado a la Virgen, ostenta en ambas aceras las casas de los nobles e ilustres Mendoza, Zúñiga, Altamiranos, Estradas, Avalos, Sosas, Alvarados, Sayavedras, Avilas, Benavides, Castillas, Villafañes, y otras familias que no recuerdo.

ALFARO

La estructura de las casas corre parejas con la nobleza de sus moradores.

ZAMORA

Por aquí iremos en derechura al convento de Santo Domingo, viendo de paso las hermosas calles transversales.

MÉXICO EN 1554

ALFARO

Apenas alcanzo a ver el fin de ésta, aunque es muy ancha.

ZUAZO

Llegamos ya a la segunda, no menos ancha y larga que la primera. Porque si no se tuerce camino, hay que pasar tres calles para llegar a Santo Domingo.

ALFARO

¿De quién son esas casas cuya fachada de piedra labrada se eleva toda a plomo, con una majestad que no he notado en otras? Hermoso es el patio, y le adornan mucho las columnas, también de piedra, que forman portales a los lados. El jardín parece bastante ameno, y estando abiertas las puertas, como ahora lo están, se descubre desde aquí.

ZAMORA

Estas casas fueron del doctor López, médico muy hábil y útil a la república. Ahora las ocupan sus hijos, que son muchos, y no degeneran de la honradez de su padre.

ALFARO

No habrá, pues, temor de que se les aplique aquello de: "¡Oh antigua morada, y cuánto has perdido en el cambio de dueño!"

ZUAZO

¡Qué ancha es esta calle que va a Santo Domingo, hermosa también por sus buenas fábricas!

ALFARO

Al frente hay una plaza, y la calle acaba por ambos lados en casas magníficas.

MÉXICO EN 1554

ZUAZO

Detente aquí algo, y de una mirada abraza estas dos calles: una que va a la plaza, y tiene el nombre del Convento, ocupada por artesanos de todas clases, y esta otra que va al convento de las monjas.

ALFARO

Todo México es ciudad, es decir, que no tiene arrabales, y toda es bella y famosa. Mas ahora sólo quiero examinar atentamente la extensión y asiento del monasterio. Está en plano, y un poco más alto que la calle, por cuya causa el templo parece mucho más elevado de lo que en realidad es.

ZUAZO

Ayuda a ello la configuración del terreno, que desde aquí va siempre en descenso, tanto hacia la plaza, como hacia el convento de las monjas.

ALFARO

El monasterio es de grande extensión, y delante de la iglesia hay una grandísima plaza cuadrada, rodeada de tapias, y con capillas u oratorios en las esquinas, cuyo uso no comprendo bien.

ZAMORA

Tienen uno muy importante, a saber, que en las fiestas solemnes como Natividad de Nuestro Señor Jesucristo, su Muerte, Resurrección y Ascensión, Concepción de la Virgen María, su Natividad, días de los Apóstoles y de Santo Domingo, por no ser el claustro bastante grande para que quepan tantos vecinos, salen rezando ellos y los religiosos, precedidos de la cruz y delante de las imágenes, y van dando vuelta para detenerse a orar en cada capilla.

ALFARO

Por cierto es grande y elevado el templo; es natural que el interior no desdiga.

ZUAZO

Iguales elogios harías de la huerta y del convento si fuera posible verlos.

ALFARO

También corre el agua por caño descubierto en esta calle que va al convento de las monjas.

ZAMORA

Mucha más recibe el convento por otras cañerías ocultas y subterráneas, para que llegue clara y limpia.

ALFARO

¿Y cuál es la fuente que produce tanta agua?

ZUAZO

La de Chapultepec, lugar célebre por las historias de los indios, y por su abundancia de aguas. Si te parece, iremos allá después de comer, para que desde un cerro que está inmediato veamos perfectamente los alrededores de México.

ZAMORA

Este es el monasterio de las vírgenes consagradas al Señor. Saludemos la imagen de Nuestra Señora, colocada sobre la puerta: "Salve, firme esperanza de los mortales, madre sin dejar de ser virgen, a quien con ambos títulos invocamos; dígnate, Señora, de alcanzar de tu Hijo Dios y Hombre el perdón para nosotros, convertidos en hijos de ira por la culpa de nuestros primeros padres, a fin de que por tu intercesión recobremos la herencia eterna que perdimos. Amén".

ALFARO

¡Cómo sobresalen en su fábrica estas dos casas cercanas, una enfrente de otra!

ZUAZO

Son tan bellas como sólidas.

ALFARO

Estas son siempre las más estimadas; pero hacen mejor vista las del otro lado de la acequia por sus jardines y sus techos pintados. ¿Pero cómo es eso que caminan sobre el agua unas canoas llenas también de agua? Enigma es digno de Edipo.

ZAMORA

Davo le adivinará, que no es necesario Edipo. El agua en que navegan las canoas no es potable: la que ellas llevan sale de la fuente, y por una gran canal de madera, como pronto vas a verlo, cae de lo alto con gran estruendo sobre las canoas que se ponen debajo.

ALFARO

Ahora lo entiendo, y veo en efecto lo que dices. ¡Dios mío, qué multitud de canoas! ¿Y quién habita este barrio en que entramos, tan notable todo él por sus grandes y elevadas casas, tan extenso, y que disfruta de dos aguas, una para regar, y otra buena para beber?

ZUAZO

Le ocupan vecinos nobles, y entre ellos algunos de los que sujetaron al dominio del Emperador estas regiones desconocidas a los historiadores: Cervantes, Aguilares, Villanuevas, Andrades, Jaramillos, Castañedas, Juárez, otros Avilas, y los demás que sería largo enumerar.

ALFARO

¡Qué linda plaza se sigue, y cómo embellece las casas no menos lindas! ¡Qué alegre vista de la campiña se descubre por esta calle empedrada!

ZAMORA

Antes bien, y no te causará menos placer, dirige la vista a esta otra calle que va a la plaza: es notable por sus altos y hermosos edificios, y corre también el agua por medio de ella. Llámase de San Francisco, a causa del convento del mismo nombre.

MÉXICO EN 1554

ALFARO

Nada hay en México que no sea digno de grandes elogios; pero me agrada sobre todo esta calle por lo mucho que se parece a la de Tacuba, y aun le lleva ventaja, porque como tiene mayor declive, no se hacen lodazales en tiempo de lluvias.

ZUAZO

Demos vuelta aquí para ver mejor el convento desde la otra puerta.

ALFARO

¿De quién es esta casa que se ve a la derecha, labrada a toda costa, y cuyos elevados pisos miran a la calle y a la acequia?

ZUAZO

De Castañeda, uno de los conquistadores de esta **tierra.**

ALFARO

No sería fácil entrarla por fuerza, con ese foso que la ciñe.

ZUAZO

De esta acequia se conduce agua muy limpia para el convento y su huerta, por medio de cañerías subterráneas, y a través de una coladera de hierro. Pero detengámonos, para que, bien sea desde a caballo y mirando por las puertas abiertas, o bien apeándose, si mejor te parece, puedas contemplar la grandeza del atrio de San Francisco, y lo que tiene de notable.

ALFARO

Es tan plano como el de Santo Domingo, y en el centro tiene una cruz tan alta, que parece llega al cielo. En verdad que debieron ser enormes los troncos de que se labró. Todo alrededor del atrio hay árboles que en altura compiten con la cruz, tan bien ordenados y tan frondosos, que hacen bellísima vista. En las esquinas veo capillas, cuyo uso pienso que será el mismo.

ZUAZO

Diste en el clavo.

ALFARO

Pero lo que más me agrada de todo es la capilla que está tras un enverjado de madera, con todo su interior visible por el frente descubierto. Su elevado techo descansa en altas columnas disminuídas, hechas de madera labrada, y en las que el arte ennoblece la materia.

ZAMORA

Y agrega que están dispuestas de tal modo, que mientras el sacerdote celebra el divino sacrificio, puedan oírle y verle sin estorbo los innumerables indios que se juntan aquí los días festivos.

ALFARO

La iglesia no es muy amplia.

ZUAZO

En especial para cuando Bustamante predica.

ALFARO

Sé que los mexicanos oyen con gran gusto a este insigne orador.

ZUAZO

Dignísimo es de que todos le oigan del mismo modo, porque enseña con claridad, deleita en gran manera, y conmueve profundamente a su auditorio.

ALFARO

Has definido completamente al orador. Bien se conoce la gran extensión de la huerta, por esa larguísima tapia, y por los árboles que sobre ella asoman.

ZUAZO

Enfrente queda el colegio de los muchachos mestizos, dedicado a uno y otro San Juan.

ALFARO

¿A quiénes llamas mestizos?

ZUAZO

A los hispano-indos.

ALFARO

Explícate más claro.

ZUAZO

A los huérfanos, nacidos de padre español y madre india.

ALFARO

¿Qué hacen ahí encerrados?

ZAMORA

Leen, escriben, y lo que importa más, se instruyen en lo tocante al culto divino. Andan de dos en dos, en traje talar, y muchos de cuatro en cuatro, porque son pequeños.

ALFARO

¿A qué se dedicarán cuando crezcan?

ZUAZO

Los dotados de ingenio claro se aplican a las artes liberales, y los que, por el contrario, carezcan de él, a las serviles y mecánicas: de modo que creciendo la virtud con la edad, cuando lleguen a ser grandes no se les hará obrar mal sino por fuerza.

ALFARO

Nada es tan provechoso para la república, como educar de ese modo a sus hijos, a fin de que nunca se aparten del sendero de la virtud en que una vez fueron puestos y después encaminados.

ZUAZO

Mucho contribuye a nuestra felicidad o desgracia la enseñanza que de niños recibimos y se arraigó en nosotros con los años.

ZAMORA

Aquí atraviesa otra acequia, y la que seguimos ciñe el convento por la parte del poniente.

ZUAZO

Desde aquí se descubren las casuchas de los indios, que como son tan humildes y apenas se alzan del suelo, no pudimos verlas cuando andábamos a caballo entre nuestros edificios.

ALFARO

Están colocadas sin orden.

ZUAZO

Así es costumbre antigua entre ellos. A la izquierda queda muy cerca un colegio de niñas mestizas, donde hay tantas como varones en el otro.

ZAMORA

Sujetas allí a la mayor vigilancia, aprenden artes mujeriles, como coser y bordar, instruyéndose al mismo tiempo en la religión cristiana, y se casan cuando llegan a edad competente.

ALFARO

Me das noticia de dos asilos utilísimos para jóvenes de uno y otro sexo. ¿A qué santo está dedicado aquel blanco y elevado templo que se ve en lugar despejado, más allá del acueducto?

ZAMORA

A San Juan Bautista.

ZUAZO

Mira ahora ese soberbio y hermoso edificio, como habrá pocos en el mundo, que se llama "las tiendas de Tejada", cuyo nombre toma del uso a que está destinado y de la persona que le levantó.

MÉXICO EN 1554

ALFARO

Nunca vi cosa más bella. La planta del edificio es triangular: forman dos de sus lados unos anchos y extensos portales, sostenidos por grandes columnas equidistantes, y al otro lado le ciñe un foso lleno de agua. Debajo de los portales hay tiendas tan iguales entre sí, que a no ser por sus números, no pudieran distinguirse una de otra. La parte interior de ellas, también igual en todas, está dispuesta con tal arte, que admira ver cómo en tan corto terreno hay una casa completa, en que no falta zaguán, patio, caballeriza, comedor, cocina, y todo lo demás.

ZAMORA

Encima del portal se ve el segundo piso de las tiendas, y por esas grandes ventanas reciben sol y luz casi todos los aposentos del dicho piso. A la espalda corre la acequia común a todas las tiendas. Está cerrada con tapias por todas partes, y se ensancha tanto a los extremos de los portales, que forma como dos pequeños embarcaderos, a los que se baja por escalones de piedra.

ALFARO

Es tal la abundancia de barcas, tal la de canoas de carga, excelentes para producir mercancías, que no hay motivo de echar menos las de Venecia. Allí cerca, y frente al tercer lado, tienen los indios un amplísimo mercado, en cuyo centro tocan una campana puesta en alto. Al lado está la horca, a la que se entra y sube por una puerta con su escalera; y a causa de su elevación se descubre desde lejos. ¡Qué gran número de indios de todas clases y edades acude aquí para comprar y vender! ¡Qué orden guardan los vendedores, y cuántas cosas tienen, que nunca vi vender en otra parte!

ZAMORA

Así como los hombres varían tanto en idioma y costumbres, del mismo modo no todas las tierras son de la misma naturaleza y calidad.

ALFARO

"Tan vario en rostro como en gusto el hombre".

Y el otro:

"La India marfil nos envía;
"Su incienso el muelle Sabeo".

¿Pero qué es lo que venden esos indios e indias que están ahí sentados? Porque las más parecen a la vista cosas de poco precio y calidad.

ZUAZO

Son frutos de la tierra; ají, frijoles, aguacates, guayabas, mameyes, zapotes, camotes, xocotes y otras producciones de esta clase.

ALFARO

Nombres tan desconocidos como los frutos. ¿Y qué bebidas son las que hay en esas grandes ollas de barro?

ZUAZO

Atole, chían, zozol, hechas de harina de ciertas semillas.

ALFARO

¡Vaya unos nombres extraños!

ZUAZO

Como los nuestros para los indios.

ALFARO

Ese líquido negro con que se untan las piernas como si fuera betún, y se las ponen más negras que las de un etíope, ¿qué es? ¿Y qué es aquella cosa, negra también, que parece lodo, con que se untan y embarran la cabeza? Dime para qué hacen esto.

ZUAZO

Al líquido llaman los indios *ogitl,* y le usan contra el frío y la sarna. Al barro llaman en su lengua *zoquitl* o *quahtepuztli,* muy propio para teñir de negro los cabellos y matar los piojos.

ALFARO

Medicinas desconocidas a Hipócrates, Avicena, Dioscórides y Galeno. Veo también de venta una gran cantidad de gusanos: deseo saber para qué sirven, porque es cosa de risa.

MÉXICO EN 1554

ZAMORA

Son gusanos del agua, y los traen de la laguna. Los indios les llaman *oquilin;* ellos los comen y también los dan a sus aves.

ALFARO

Es cosa extraña. ¿Quién habría creído que los gusanos habían de ser alimento a los hombres, cuando éstos, apenas fallecen, sirven de pasto a aquéllos?

ZAMORA

Véndense también otras semillas de virtudes varias, como *chía, guahtli,* y mil clases de yerbas y raíces, como son el *iztacpatli,* que evacua las flemas, el *tlalcacahuatl* y el *izticpatli,* que quitan la calentura, el *culuzizicaztli* que despeja la cabeza, y el *ololiuhqui,* que sana las llagas y heridas solapadas. También la raíz que llamamos de Michoacán, de cuya virtud purgativa tienen tan benéfica experiencia indios y españoles, que ni el ruibarbo, escamonea y casia púpula, que los médicos llaman medicina bendita, son de tanto uso y utilidad.

ALFARO

La naturaleza, madre universal, produce en todas partes, conforme a la diferencia del suelo, cosas varias y admirables, tan provechosas a los indígenas como perjudiciales a los extranjeros. Mas aquellas hojas tan grandes y gruesas, terminadas en una aguda púa, y guarnecidas de terribles espinas en ambas orillas, sobre que ponen tantas yerbas, raíces y otras muchas cosas, ¿de qué árbol son?

ZAMORA

Del que nosotros llamamos maguey, y los indios metl, el cual sirve para tantos usos y tan importantes, que no le igualó en esto la antigua espada de Delfos. Y si no fuera porque es comunísimo en Indias, nada habría en ellas que causara mayor admiración.

ALFARO

Lo más admirable deja de serlo, si cada día se repite, y así es que en todo la frecuencia quita o disminuye la maravilla; por lo que con razón se dijo: "de lo que uno se admira, otro se burla".

MÉXICO EN 1554

ZUAZO

Comenzando por describírtele, te diré que es un árbol que desde la raíz arroja a todos lados muchas hojas grandes, gruesas y puntiagudas, cercadas de espinas durísimas: crece luego recto hasta la altura de una lanza, a modo de columna o de pino sin ramas. Es más grueso en la punta, y cuando llega a la madurez, echa unas flores, pajizas. Si se corta, vuelve a brotar; si se deja, se seca al cabo de un año; pero sembrando una hoja, renace un nuevo árbol.

ALFARO

Como el Fénix de sus propias cenizas. Pero dime ahora para qué aprovecha.

ZAMORA

De las hojas verdes, machacadas y deshebradas en el agua sobre unas piedras, se hace una especie de cáñamo, y de él, hilo con el cual se tejen telas que suplen por las de lino, y se tuercen también cuerdas gruesas y delgadas. La espina, tan dura como si fuera de hierro, en que remata cada hoja, hace oficio de aguja. Las hojas sirven de tejas para techar casas: las más inmediatas a la tierra son blancas y tiernas, y los indios las aderezan de tal modo, que resultan gratísimas al paladar. Estando secas, son leña que da un fuego manso y sin humo: dícese que las cenizas son excelentes para varios usos. Arrancado el tallo del centro, se coloca en los techos en vez de vigas: en el hueco que deja, cercado de hojas, se deposita un licor de que primero se hace miel, luego vino, y por último vinagre. De la miel cocida se hace azúcar; y en fin, otras muchas cosas que por ser tantas no pueden retenerse en la memoria, y que ni Plinio ni Aristóteles pensaron ni menos escribieron, con haber sido tan diligentes escudriñadores de la naturaleza.

ALFARO

En verdad que son cosas extrañas e inauditas las que me refieres, y con dificultad podrá creerlas quien no las vea. Con ellas se hacen ya creíbles las que juzgamos portentosas o fabulosas, entre las que los antiguos escribieron.

ZAMORA

¿Pues qué te diré de la *tuna,* que los indios llaman *nochtli?* Después de echar sin orden, y más bien en ancho que en alto, unas hojas grandísimas y erizadas de espinas, produce primero tunas de sabor exquisito, mayores que muy grandes ciruelas, y luego en las flores de las mismas cría unos como gusanitos, que matados en el rescoldo son una grana finísima, la mejor que se conoce. A España se lleva una gran cantidad de ella, y a pesar de eso se vende muy cara. Dondequiera que cae una hoja de ese árbol, forma en breve otro árbol semejante; y lo admirable es que a su tiempo aparece pegada en las hojas una goma que llamamos *alquitira,* de que se aprovechan mucho los confiteros.

ALFARO

Cosas increíbles me refieres. ¿Qué vestidos son esos tan blancos, y con labores de diversos colores?

ZAMORA

Enaguas y *huipiles*, ropas de las indias, y mantas que los hombres usan por capas. La mayor parte son de algodón, porque las más ordinarias se hacen de *nequen*, o hilo de maguey.

ALFARO

Todas son cosas tan peregrinas como sus nombres, y así es natural que suceda, pues son producciones de un nuevo mundo. Pero deseo saber si hay en México otros mercados además de éste.

ZAMORA

Hay otros dos: uno en San Hipólito y otro en Santiago, el cual dista una milla, o más, de éste, llamado de San Juan. Es cuadrado, y tan grande, que no faltaría allí terreno para edificar una ciudad. Ciérrale por el lado del norte un convento de franciscanos en que hay un colegio donde los indios aprenden a hablar y escribir en latín. Tienen un maestro de su propia nación, llamado Antonio Valeriano, en nada inferior a nuestros gramáticos, muy instruído en la fe cristiana, y aficionadísimo a la elocuencia. Enfrente está el magnífico palacio de su gobernador, que ellos llaman *cacique,* y contigua queda la cárcel para los reos indios. Los otros dos lados son de portales de poca apariencia: en el centro, a manera de torre, se levanta un patíbulo de piedra. Es tal la muchedumbre de indios tratantes que concurren a este mercado, que llegan a veinte mil y aún más.

ALFARO

¿Qué moneda usaban los indios antes de la llegada de los españoles? Porque, según Aristóteles, la moneda representa el precio de todo lo vendible.

ZUAZO

Cambiaban unas mercancías por otras, y además se valían de una especie de bellotas, que ellos llaman *cacahuatl*: éstas eran tenidas entonces en mucha estimación, porque no sólo servían de moneda, sino también de comida y bebida. Aun hoy se estiman lo mismo; sirven de moneda menuda y cámbianse por las de plata. Consúmese anualmente en comida y bebida una cantidad enorme, y no duran mucho sin echarse a perder.

ALFARO

¡Cuán admirable es en su variedad la naturaleza!

ZAMORA

Mira con toda atención y cuidado el convento de San Agustín, único que nos faltaba que ver, y ha de ser con el tiempo uno de los más bellos ornamentos de la ciudad: observa qué hermosa fábrica, qué alta y adornada.

ALFARO

Profundos y muy sólidos debieron ser los cimientos, para que pudiesen sostener sin peligro tan inmensa y elevada mole.

ZAMORA

Agotada primero el agua por medio de bombas, se asentaron luego grandes piedras con mezcla, para levantar desde allí hasta esa altura las gruesas paredes que estás viendo. Todos los techos (cosa que no hallarás en otra parte), son de armaduras, por las cuales escurre fácilmente a la calle el agua llovediza.

ALFARO

Tales techumbres curvas y abovedadas ennoblecen mucho los edificios, con tal de que las maderas estén labradas con arte.

ZUAZO

Ricamente adornado de casetones está, en el templo y claustro, el interior de los techos que a manera de bóvedas descansan sobre arcos de piedra, cruzados y entrelazados con maravilloso artificio.

ALFARO

Las bóvedas artesonadas y matizadas de diversos colores, son mucho más elegantes que todas las otras.

ZAMORA

¿Qué te diré de las dos crujías interiores que ocupan los religiosos, y ellos llaman dormitorios? ¡Cuán eminentes y espaciosas! ¡Cuántas y cuán grandes celdas las adornan! ¡Qué hermosas vistas se logran desde sus ventanas! ¡Qué tránsitos tan largos y desahogados, para comunicar la luz que entra por los calados de piedra! Y el piso bajo, que es asimismo abovedado, en nada cede al de arriba. Dentro del templo se construyen a ambos lados capillas, mejores que las de Toledo, para que sirvan de entierro a la nobleza. Ese gran espacio que ves delante de la iglesia, ha de ser una plaza, a la que se subirá por varias gradas; y de allí a la entrada de la iglesia quedará un suelo perfectamente plano, cercado con postes de piedra a distancias proporcionadas, y encima sus leones de lo mismo, a guisa de guardianes, unidos por una gruesa cadena de hierro.

ALFARO

Lo comenzado promete cosas mucho mayores y más bellas; y si no me equivoco, cuando esté acabada será una obra verdaderamente magnífica, de tanto mérito y fama, que con toda justicia podrá contarse por la octava maravilla del mundo, añadiéndola a las siete tan celebradas por historiadores y poetas.

ZAMORA

"Obra que la fama ensalzará sobre todas".

ZUAZO

Si más hubiera vivido Cortés, no dudo que el hospital dedicado a la Virgen, que dejó tan soberbiamente comenzado, habría sido igual a sus otras obras.

ALFARO

Los principios de este edificio anuncian ya su grandeza.

ZAMORA

Muy pronto se adelantará la obra con el dinero que hay ya reunido de los tributos destinados al aumento de este hospital.

ALFARO

Hermosa es la fachada y excelente la disposición del edificio. Pero ruégote me informes de lo que realmente constituye el mérito de tales fundaciones. ¿Qué enfermos se reciben y qué asistencia se les proporciona?

ZUAZO

Admítese a todos los españoles que tengan calentura, y son curados con tal caridad y esmero, que no están asistidos mejor ni con más cariño, los ricos en su propia casa, que los pobres en ésta.

ALFARO

¡Oh, una y mil veces dichoso Cortés! que habiendo ganado esta tierra para el Emperador a fuerza de armas, acertó a dejar en ella tales testimonios de su piedad, que harán imperecedero su nombre. Mas ¿por qué apresuráis tanto el paso de los caballos?

ZAMORA

A fin de llegar a tiempo para la comida, porque ya son más de las doce.

ALFARO

Has despertado con esto el apetito dormido y medio apagado. Dime por último ¿de quién son esas casas que hemos visto a la ligera y como de paso, cuyos grandes portones con argollas doradas atestiguan la riqueza del dueño o del que las mandó edificar?

ZAMORA

El dueño y quien las labró es Alonso de Villaseca, que con sólo su industria y sin perjuicio de nadie (cosa que el adagio niega ser posible), ha juntado tal caudal, que en tierra tan rica es tenido por un Creso o un Midas.

ALFARO

Indudablemente que nada podrá faltarle de lo que constituye la verdadera y efectiva felicidad, si poseyendo tantos bienes sabe vivir pobre de espíritu.

ZUAZO

El hombre es tal como le pintas; y con esto dió fin nuestro paseo. Ruégote, pues, que te apees, porque esta es mi casa y la de mis amigos. Haznos también el favor de comer con nosotros, para que de aquí vayamos con más comodidad a Chapultepec, y descubramos de allí sin estorbo ni dificultad todos los contornos de México.

ALFARO

No me gusta hacerme de rogar, y mucho menos de un amigo fiel y verdadero.

ZAMORA

Ponte, pues, a la mesa, y cuento con que tu compañía hará que la comida sea tan cortés como alegre: tal, en suma, cual Varron la quiere.

DIALOGO TERCERO

INTRODUCCION AL DIALOGO TERCERO

Los mismos interlocutores del diálogo segundo toman parte en el tercero. Salen, después de comer, de la casa de Zuazo, en la calle de Santa Clara, y caminan por lo que es ahora Tacuba, Av. Hidalgo, Puente de Alvarado y Ribera de San Cosme hasta la Tlaxpana, siguiendo el acueducto que remataba en la Mariscala. Se habla del paseo del Pendón, que todos los años, por el día 13 de agosto, salía de la iglesia de San Hipólito. Contemplan el mercado de indios que estaba cerca del templo y los ejidos de la ciudad muy agradables, "por su perpetuo verdor

INTRODUCCION

y suficientes para muchos miles de cabezas de ganado". Admiran las casas de campo que se levantaban a los lados de la antigua calzada de Tlacopan y toman por la calzada de la Verónica rumbo a Chapultepec.

"El cerro y bosque de Chapultepec—dice García Icazbalceta—, punto a donde los interlocutores dirigieron su paseo, se halla a menos de una legua al S. O. de la capital y es lugar notable por sus manantiales de excelente agua que abastecen una parte de la ciudad: por su cerro aislado desde cuya cima se goza una magnífica vista de todo el Valle de México, y por los enormes y venerables sabinos que se encuentran en el bosque, alrededor del cerro". Se fortificaron en él los indios antes de establecerse en el lago y fué más tarde, el cerro, lugar de esparcimiento de los señores mexicanos, "quienes tenían allí su casa o palacio al pie del cerro y probablemente inmediato a la alberca. En lo alto del cerro había un pequeño adoratorio de ídolos y los indios cuidaron siempre con esmero aquel bosque, teniéndolo por cosa sagrada".

Durante varios siglos existieron, labradas en piedra, al pie del cerro, las imágenes de Moctezuma Il-

huicamina, su tío Tlacaelel, Ahuizotl y Axayacatl, que desaparecieron, conservándose la de Moctezuma hasta los años de 1753 ó 1754.

Después de la conquista el cerro estuvo ocupado por un destacamento de indios tlaxcaltecas y en la colonia fué lugar de recreo de los Virreyes. Construyóse una casa en el lugar de la que había servido de habitación a los señores indígenas y el adoratorio del cerro se convirtió en ermita dedicada a San Francisco Javier. El Virrey don Luis de Velasco cuidó del bosque, dedicándolo a Carlos V y puso a dos lebreles que trajo de España, "los que se multiplicaron de tal modo que se extendió la raza por todo el virreinato". El sitio fué teatro también del suicidio de uno de los guardianes de estos lebreles.

Más tarde se destinó el antiguo palacio a una fábrica de pólvora, que voló en noviembre de 1784, con pérdida de cuarenta y siete vidas.

La casa quedó en ruinas y después de múltiples gestiones de los virreyes Marqués de Croix, Bucareli y Matías de Gálvez, don Bernardo de Gálvez, venciendo grandes dificultades, ordenó y llevó a cabo, en parte, la construcción del palacio en la cima del cerro.

INTRODUCCION

"Después de la independencia—sigue diciendo García Icazbalceta—continuaron las obras en Chapultepec. Se formó al pie del cerro un jardín botánico (1826) y se agregó al palacio un observatorio astronómico; pero ni jardín ni observatorio llegaron nunca a su conclusión. Por fin se estableció en el palacio el Colegio Militar, destino que tuvo por muchos años y que aún tenía cuando el ejército americano lo bombardeó y tomó por asalto el 13 de septiembre de 1847. Años adelante, Chapultepec fué la residencia favorita del Emperador Maximiliano, quien gastó sumas considerables en restaurar y embellecer palacio y bosque, habiendo hecho, entre otras cosas, una nueva subida a la cima del cerro".

Posteriormente ha sido residencia de los Presidentes de la República y ahora, en parte, museo.

Regresan los interlocutores por el camino del otro acueducto, es decir, la actual avenida Chapultepec.

ALREDEDORES DE MEXICO

Interlocutores: ZAMORA, ZUAZO, ALFARO

ALFARO

Hemos comido, no en la casa de Zuazo, sino en la de Lúculo, y aun en la sala de Apolo.

ZAMORA

Con cuánta más razón hablarías así, si hubieras llegado poco después de conquistada esta tierra.

ALFARO

Pues qué, ¿en lo sumo cabe todavía aumento?

ZUAZO

No fueron más suntuosas las cenas de los sibaritas ni las de Siracusa.

ALFARO

¡Oh cenas y noches divinas!

ZUAZO

Demasiado hemos hablado de esto. Salgamos ya, porque han dado las dos de la tarde, y aún tiene Alfaro mucho que ver.

ALFARO

Muy bien pensado. Pero vamos, si te parece, por el rumbo en que haya sitios más amenos, que son los que mayor realce suelen dar a una gran ciudad.

MÉXICO EN 1554

ZAMORA

Así será, porque iremos a Chapultepec, siguiendo el acueducto, para ver de camino otras muchas cosas.

ZUAZO

Y mira todo con cuidado, porque no has de volver por aquí.

ALFARO

¿Pues por dónde?

ZAMORA

Por otro camino igualmente agradable. Desde la fuente hasta aquí, viene el agua casi toda reunida; pero más adelante se divide, como ves, en tres partes: una en el centro y dos a los lados, todas de no escaso caudal.

ALFARO

Si no me engaño, esta mañana anduvimos por aquí.

ZAMORA

Dices verdad. Nota ahora cuán ancha es esta calzada, que con dividirla por medio el acueducto, todavía a cada lado queda paso para los carruajes encontrados.

ALFARO

No fué tan concurrida la Vía Apia, de que Cicerón hace honorífica memoria en varios lugares de su defensa de Milón. Tiene suficiente altura sobre los campos, para que en tiempo de aguas no se inunde al par de ellos. A la derecha hay dos iglesias, no poco distantes una de otra. A la izquierda está el *tianguis* de los indios, y henchido, por cierto, de gentes y mercaderías.

ZUAZO

En el templo más distante, dedicado a San Hipólito, cada año, el día de la fiesta titular, se juntan todos los vecinos con gran pompa y regocijo, porque ese día fué ganada México por Cortés y sus compañeros. Con la misma pompa lleva el estandarte uno de los regidores, a caballo y armado, precedido de una multitud de vecinos, también a caballo, para que la posteridad conserve la memoria de tan insigne triunfo, y se den gracias a San Hipólito por el auxilio que prestó a los españoles en la conquista. Del templo tomó nombre el mercado de los indios que está delante. Síguense luego, abajo del camino, los ejidos de la ciudad, muy agradables por su perpetuo verdor, y suficientes para muchos miles de cabezas de ganado.

ALFARO

¡Cuán extensos son y amenos! ¡Cómo recrean la vista y alegran el ánimo!

ZUAZO

Aquel llano que está entre las casas de campo es el lugar en que los caballeros, que en agilidad y maestría en la equitación aventajan mucho a los de todas las demás provincias, se adiestran en ejercicios ecuestres, y se ensayan en combates simulados, para estar listos cuando se ofrezcan los verdaderos. Entre nosotros se llama *potreadero,* porque los picadores doman allí los potros; pues el verbo español *potrear* significa amansar y adestrar de tal modo en los movimientos a los potros brutos y no enseñados al freno, que como dice Horacio: *el caballo enfrenado tenga el oído en la boca.*

ALFARO

¡Gran Dios! ¡cuántas, qué grandes y qué magníficas casas de campo adornan ambos lados de la calzada, en extensas y amenísimas huertas regadas por caños sacados del acueducto! ¿Qué vista hay en España que pueda igualarse o compararse con esta? En esta gran casa se parte el camino en dos, y bien umbrosos ambos.

ZAMORA

Uno va a Tacuba y otro a Chapultepec; y esa casa tan magnífica pertenece a Cortés.

MÉXICO EN 1554

ALFARO

Nada edificó este heroico varón que no diese a la posteridad amplio testimonio de la grandeza de su ánimo. Pero el canal o acueducto que lleva el agua a la ciudad había sido hasta aquí de bóveda, con lumbreras a intervalos en la parte superior, para dar entrada al sol y al aire; y ahora, de aquí a la fuente, va todo descubierto.

ZAMORA

Se hizo así por dos razones: porque desde aquí no es ya tanta la gente que transita, y para que, recibiendo antes de lleno el sol y el aire, camine más purificada el agua dentro de la bóveda.

ALFARO

Juzgas con acierto. Mas ya desde aquí vuelven a descubrirse hasta muy lejos por ambos lados del camino los ejidos, llenos de ganado que pace a una y otra parte. Enfrente quedan unas lomas feracísimas, muy agradables por sus bosques y sementeras, en que descansa la vista con deleite.

ZUAZO

Corre para Cuyoacán una calzada, notable por ser tan llana, y por la amenidad de su campiña. Este es el bosque, y en él se halla la fuente que provee de agua al acueducto. Cerca de ella se levanta, como ves, un cerro muy alto, desde donde se otea perfectamente la ciudad de México.

ALFARO

¿Con qué objeto está el bosque cercado de tapias tan altas, y sólo a muy pocos se permite la entrada en él?

ZUAZO

Para que no ensucien el agua los indios que pasan, y para que los cazadores no maten o ahuyenten la mucha caza que hay de gamos, ciervos, conejos y liebres.

ALFARO

¿Qué inscripción es la que está en una lápida sobre la puerta?

MÉXICO EN 1554

ZAMORA

Don Luis de Velasco
Virrey de esta Nueva España
dedica a su soberano
este bosque
lugar de recreo publico
hermoso por su frondosidad y fabrica.

ALFARO

Tiene sabor antiguo, y lo mejor es que dice la verdad. ¿Quién la compuso?

ZUAZO

Según he sabido, Cervantes Salazar, uno de nuestros profesores, que en cuanto puede procura que los jóvenes mexicanos salgan eruditos y elocuentes, para que nuestra ilustre tierra no quede en la oscuridad, por falta de escritores, de que hasta ahora había carecido.

ALFARO

Mucho debéis al que procura lo principal de todo, que es libraros de quedar sepultados en el olvido.

ZAMORA

Una sola puerta da paso a la fuente, y árboles altos y copados sombrean la entrada. Y para que no caigan dentro las piedras y peñascos, las basuras e inmundicias que puedan bajar del cerro cercano, está el manantial rodeado de una alta tapia. Entra, y siéntate en el poyo, para que examines mejor todo.

ALFARO

Aunque he visto mucho, jamás hallé cosa tan digna de verse como esta fuente. Apenas se acerca uno a ella, cuando ya admira, recrea y conforta la vista y el ánimo con extraño y casi increíble deleite. ¡Cuán grande y dilatada es la extensión de la alberca! ¡Cuánta su profundidad, y tal que en muchas partes no se descubre el fondo! Cierto que tiene ámbito y hondura suficientes para una nave de carga.

MÉXICO EN 1554

Añádase ser el agua tan clara, que a pesar de ser tanta su profundidad, pueden verse desde aquí las piedrecillas del fondo. Y para beber no es menos agradable.

ZAMORA

Los rayos del sol y la sombra de los árboles la tiñen de mil colores, y como la profundidad no es igual en todas partes, se reflejan dentro, cuando luce el sol, muchas y admirables figuras, con más colores que el arco-iris.

ZUAZO

Todo alrededor de la tapia hay asientos de mampostería y entre ellos y la orilla de la alberca queda espacio bastante para que puedan pasear dos o tres personas de frente.

ALFARO

Así se combina la mejor navegación, que es la de junto a la tierra, y el mejor paseo que es el de junto al mar. Al poniente, o casi, y no lejos del agua, está primero un pórtico de piedra, desde donde se goza muy agradable vista de la alberca. En fin, tanto mérito dan a esta fuente la naturaleza y el arte, que ya sea que atiendas al caudal y utilidad de sus aguas, ya a su limpieza y situación, no pueden serle comparadas las fuentes Cabura, Cifusa, Agapine, o Clitoria, tan celebradas por los escritores.

ZAMORA

Si como parecen pensarlo Avicena e Hipócrates, la mejor agua es la que más se asemeja al aire; la que más presto se calienta y se enfría; la que cocida no deja costras en las vasijas; la que cuece en menos tiempo las legumbres, y en fin, la más ligera, entonces no hay ninguna preferible a esta nuestra.

ALFARO

Plinio dice que pesando las aguas es muy raro que una sea más ligera que otra; pero según afirma Avicena el agua de fuente, como ésta, es la más saludable, sobre todo, la de lugares despejados. La que no tiene olor ni sabor alguno es la más estimada para guisar.

ZUAZO

Tampoco carece de mérito la que no tiene color.

ALFARO

¿Por dónde está la subida al cerro? Porque hace ya rato que estoy impaciente por tener a la vista toda la ciudad de México.

ZAMORA

Por aquí subiremos a caballo, pues a pie nos cansaríamos.

ALFARO

Antes bien, si te parece, subamos a pie, sentándonos cuando nos agrade; porque si vamos a caballo, la bajada no será igualmente segura.

ZUAZO

Es prudente consejo. Dejemos, pues, nuestras capas a los criados, para ir más desembarazados en la subida.

ALFARO

¿Para qué son estas gradas tan anchas y largas, que llegan hasta arriba, y rodean casi todo el cerro?

ZAMORA

Aquí cultivaba Moteczuma árboles como en un jardín: y asimismo más adelante y en la bajada verás por otras partes muchos huertos semejantes, porque los indios preferían las cuestas a los llanos.

ALFARO

Parece que quisieron hacer unos pensiles.

ZAMORA

Una cosa así.

ALFARO

¡Cómo se va adelgazando el cerro hasta la ermita!

ZUAZO

Así vino bien para que se pudiera ver todo lo que está abajo. Has de saber, sin embargo, otra cosa no menos digna de ser sabida, y es que había otros cerros mucho más altos que éste, hechos a mano, y de que aún existen algunos. Subíase por escalones de piedra hasta el remate, que era una placeta; y en ella, como reses en un rastro, sacrificaban y ofrecían a los ídolos víctimas humanas, sacándoles primero el corazón. Y esto es notorio que no acostumbraban hacerlo solamente cada año, sino casi cada mes; en cuyo género de sacrificio, cosa apenas creíble, perecieron millares de hombres.

ALFARO

¡Oh y cuán grande fortuna ha sido para los indios la venida de los españoles, pues han pasado de aquella desdicha a su actual felicidad, y de la antigua servidumbre a esta verdadera libertad! Y también ¡mil veces dichoso el soberano en cuyo siglo y en cuyo nombre se conquistó y convirtió a la fe cristiana este Nuevo Mundo, antes desconocido, y poblado de innumerables gentes que con tal estrago y matanza rendían obsequios a sus mentidos dioses!

MÉXICO EN 1554

ZAMORA

Tiende ahora la vista, y abarcarás por entero la ciudad de México.

ALFARO

¡Dios mío! qué espectáculo descubro desde aquí; tan grato a los ojos y al ánimo, y tan hermosamente variado, que con toda razón me atrevo a afirmar que ambos mundos se hallan aquí reducidos y comprendidos, y que puede decirse de México lo que los griegos dicen del hombre, llamándole Microcosmos, o mundo pequeño. Está la ciudad toda asentada en un lugar plano y amplísimo, sin que nada la oculte a la vista por ningún lado. Los soberbios y elevados edificios de los españoles, que ocupan una gran parte del terreno, y se ennoblecen con altísimas torres y excelsos templos, están por todas partes ceñidos y rodeados de las casas de los indios, humildes y colocadas sin orden alguno, que hacen veces de suburbios, entre las que también sobresalen iglesias de tan magnífica construcción como las otras. Y es tanto el terreno que ocupan las habitaciones de indios y españoles, que no es asequible cerrarle con muros.

Más lejos rodean la ciudad lomas, collados y montes de desigual altura, unos naturalmente selvosos y abundantes de madera, otros cultivados y fertilísimos. En todos se ven muchas haciendas que embellecen admirablemente la ciudad y los campos circunvecinos.

ZAMORA

Desde las lomas hasta la ciudad (cosa que realza su mérito) hay por cualquier lado diez leguas, y aún más, de campos de regadío, bañados por las aguas de acequias, ríos y manantiales. En ellos tienen asiento grandes ciudades de indios, como Tetzcoco, Tlacopan, Tepeaquilla, Azcapotzalco, Cuyoacán, Iztapalapan y otras muchas. De ellas son esas iglesias blanqueadas, desde las cuales se disfruta la vista de México.

ZUAZO

De los campos más cercanos a la ciudad, unos son ejidos de abundantes pastos para el ganado lanar, caballar y vacuno; otros son de árboles frutales, y tan propios para cualquier cultivo, que a excepción de la viña, cuanto allí se siembra produce cosechas increíbles. En ellos hay haciendas y casas de campo, tan bellas todas y feraces, que al mismo tiempo que esparcen el ánimo, mantienen decentemente a muchas familias.

ALFARO

Y para que no falte cosa para que este cuadro exceda a todos en belleza, entiendo que es muy abundante de pesca la laguna que desde el pie de los montes se extiende y dilata mucho de oriente hacia el poniente y sur, cubierta de embarcaciones de indios con sus redes de pescar. Dentro de ella nacen, entre oriente y sur, dos cerros bien gruesos y elevados.

ZAMORA

En el de oriente, que es el más próximo, hay un manantial siempre caliente, encerrado dentro de un primoroso edificio abovedado, y es un saludable baño para los enfermos. En el otro, que queda al sur, hay maravillosa cantidad de liebres, conejos, ciervos y patos cimarrones; y le adorna un magnífico palacio del Marqués.

ZUAZO

Observa, fuera de eso, una cosa que ciertamente sirve de defensa a la ciudad, y por lo mismo le da mérito, y es que no puede fácilmente ser tomada por fuerza, a causa de la laguna que rodea y baña sus campos. Porque no es posible llegar a la ciudad sino por las calzadas, que son varias, muy anchas, y elevadas sobre el resto del terreno, estando todos los campos inmediatos a ellas cortados por muchas zanjas, de manera que en tiempo de aguas se inundan de tal modo, que aquello no parece laguna, sino mar. Junto a algunas de las calzadas que conducen a la ciudad, vienen de muy lejos hasta el interior de ella acequias o arroyos sacados de los ríos mayores, y al volver a salir entran en la laguna, de lo cual resulta que nunca bajan sus aguas, ni aun en el mayor rigor de la canícula.

ALFARO

¿Hay habitantes en las lomas y montañas?

ZAMORA

Muchísimos indios, y entre ellos gran número de granjas de españoles, llamadas *estancias* por los mexicanos; varias de ellas tan productivas, que mantienen ganados, y dan con abundancia trigo y otras semillas. Las tierras bajas gozan de riego, que las fertiliza. Te he dicho ya casi todo: bajemos ahora para regresar a México por otro camino.

ALFARO

Dices bien. Mas puesto que hay ocasión, mientras vamos por ese otro camino, informadme, si os parece, de lo último que me resta saber, esto es, del clima y naturaleza de la Nueva España, cuya cabeza es México, así como de la vida y costumbres de los indios.

ZUAZO

En todo nos hallarás dispuestos a complacerte. Yendo por este camino, que va en derechura a México, trataremos brevemente (pues por extenso no sería posible) de la Nueva España y sus habitantes, y primeramente de la tierra y del clima. Es, pues, la Nueva España, según dice Juanoto Durán, una parte de la gran España. No tiene figura determinada, porque ni es cuadrada, ni cuadrilonga, ni triangular, ni redonda; pero sí más larga que ancha, pues tiene de largo desde el puerto de la Natividad a Soconusco doscientas veinte leguas; y desde el norte por los Zacatecas al río Cupilco, hay ciento cincuenta. La anchura, desde el río de las Palmas hasta el Mar del Sur, es poco menos de ciento sesenta leguas. Desde allí se va angostando y recogiendo tanto, que en Guazacualco no llega a cuarenta. Tiene por límite al norte la provincia de los Guachichiles; báñanla al sur las aguas del océano ulterior, y ciñe sus costas occidentales el mar de la Nueva España. La provincia de Guatemala forma el límite al oriente, y por el occidente termina el reino en Compostela. Entre las provincias que comprende la Nueva España, las más famosas son Michoacán, Oaxaca, y principalmente Tlaxcala. Es montuosa la Nueva España en muchos lugares, aunque no infructífera: lo demás es un gran llano. Tiene muchos manantiales perennes y ríos, aunque no muy grandes. Está muy poblada, y es riquísima de oro, plata y otros metales. Una buena parte del terreno está erial e inculto, porque los indios ocupan mucha tierra y cultivan poca; aprovéchanse mucho de las aguas de riego. En general el suelo es feracísimo, y tal que en muchas partes produce cosechas desmedidas. Apenas es creíble que cerca de Puebla las mieses rindan ciento por uno en cualquier tiempo del año; de manera que aquí brota la planta; más allá espiga, la que se sembró un poco antes; y la otra que le precedió el tiempo necesario, está ya madura y a propósito para la siega. Es fértil en frutas, tanto indígenas como de España, y sólo es pobre de vino y aceite. Pero produce con abundancia lana, algodón, grana, azúcar, miel, ganado menor y mayor, del que se lleva a España gran cantidad de cueros. Es tan abundante la caza, que aun los que no la buscan ni son cazadores, encuentran a cada paso águilas, garzas reales, garzotas y ánsares salvajes; o bien liebres, conejos, gamos, ciervos, osos, leones y tigres, porque lo más de esta tierra es muy frondosa de bosques y selvas. En una palabra: considera dicho de la Nueva España lo que Cicerón escribió del Asia, pues como él dijo, aventaja sin disputa a todas las naciones del mundo en la fertilidad de su suelo, en la variedad de sus productos, en la extensión de sus pastos, y en el gran número de géneros de contratación: digna, en fin, de que por la admirable templanza del clima se le llame también la *Afortunada,* como a las islas de este nombre; pues aunque en partes es algo caliente, y en otras algo fría, nunca excede de límites moderados. Es tal la temperatura de México y de los lugares vecinos, que así en invierno como en verano puede usarse la misma ropa en la persona y en la cama. En la provincia de Michoacán hay lagunas de gran extensión y profundidad, en las cuales se levantan tempestades como pudiera en el mar, y producen pescado con increíble abundancia. Fuera de lo demás, críanse en toda la Nueva España caballos excelentes, de admirable agilidad, y que casi nunca se cansan de correr o andar: son, en suma, más hermosos que los de España. Una sola cosa falta para completar la felicidad de esta provincia.

ALFARO

¿Y cuál es? Porque sólo echo de menos el vino y el aceite.

ZAMORA

Que los españoles conquisten y pongan bajo el dominio del Emperador la Florida, a la cual se va pronto y fácilmente por mar, y por tierra tampoco es difícil el camino.

ALFARO

Y de ello, ¿qué comodidades y riquezas pueden venirle a esta provincia?

ZAMORA

Muchas; porque todo cuanto produce la antigua España, situada en el Viejo Continente, de donde nos vienen las mercancías con tanto retardo y dificultad, se traería de la Florida, confinante con nosotros, donde todo abunda mucho más.

ALFARO

Confío en que así se verificará algún día.

ZAMORA

Será tan pronto como lo determine el Emperador, que no acostumbra acometer las grandes empresas sin madura reflexión. Lo demás que toca al clima y suelo de la Nueva España, y de que no sería posible dar noticia sin alargarse demasiado, lo puedes ver mejor y con más extensión en la geografía de este Nuevo Mundo que muy pronto dará a luz Juanoto Durán, persona versadísima en ello. De las costumbres y leyes de los indios, Zuazo, que hasta ahora ha callado, y es diligente investigador de esas cosas, podrá informarte con verdad y elegancia, como acostumbra, aunque con la brevedad que pide la escasez de tiempo, pues comienza a anochecer y estamos cerca de la ciudad.

ALFARO

Ruégote, Zuazo, que así lo hagas...

(*Faltan dos páginas del original*).

(ZUAZO)

Los reyes cuidaban sobre todo de que (nadie) estuviese ocioso, sabiendo que era imposible dejase de obrar mal el que viviese en la ociosidad. Los palacios de los reyes y principales eran sumamente magníficos, y por el contrario humildes y bajas las casas de los pobres, apartadas como ahora, y sin orden alguno. Muchas veces dijo Moteczuma que obedecían más por temor que por amor, lo cual ha confirmado la experiencia. No conocían las bestias de carga: los hombres y mujeres del pueblo llevaban las cargas sobre la espalda, pendientes de la cabeza, a lo cual se acostumbraban desde pequeños. Tenían cuantas mujeres podían mantener; pero entre ellas una era la principal, cuyos hijos eran los legítimos y herederos, como si nacieran de matrimonio. Usaban alimentos muy cálidos, condimentados con una especie de pimienta que llaman *ají*. De las raíces del maguey sacaban un vino que embriaga más que el nuestro; y trastornados con esa bebida, intentaban toda suerte de crímenes. Peleaban a pie, porque no conocieron los caballos. Cuando vieron por primera vez los jinetes españoles, pensaron que eran así por naturaleza, de suerte que luego ofrecieron a los caballos la misma comida que a los jinetes. En vez de espadas usaban *macanas* de madera, con navajas de pedernal encajadas por ambos lados hasta la punta, y se servían de rodelas para resguardarse: peleaban desnudos. Para hacerse fuertes contra los enemigos, aprovechábanse de cerros naturales o hechos a mano, como de fortalezas o castillos, teniendo a gran honra morir en la guerra. Se comunicaban con los ausentes, no por medio de letras, sino de figuras de animales pintados en ciertos papeles, a imitación de los egipcios. Todos, excepto los principales, andaban con la cabeza descubierta, y descalzos de pie y pierna. La noche, que corta nuestra conversación, me impide continuar como había comenzado. Así, pues, me harás favor de excusarme, más por falta de tiempo, que de buena voluntad; y mientras aguardas a mañana para lo que resta, ve con Zamora en hora buena, pues desde aquí tengo que irme a casa.

ALFARO

Pues que te vaya bien.

ALFONSO GOMEZ ALFARO,

discípulo de Francisco Cervantes Salazar,

AL LECTOR

Sé, amigo lector, que no faltará quien censure a un profesor distinguido, como Cervantes Salazar, por no haber estorbado que esta obra suya viera la luz pública, a no ser impresa con caracteres más elegantes, con mejor ortografía y en tamaño mayor. No me parece que debemos pretender la total absolución del cargo, pues pudo el libro salir a luz más castigado; pero tampoco hallo justo que se acepte toda la culpa, pudiendo ser atenuada. Sepan, pues, los que pretendan censurarle, que mejores caracteres no los hubo, y que Cervantes Salazar jamás entró a la imprenta, hallándose ocupado en los estudios teológicos a que ahora se dedica; en enseñar la retórica, de que es catedrático, y en escribir otras obras de mucha mayor importancia. Escribiendo de ordinario en horas sueltas lo que ves añadido a Vives, vino a alargarse más de lo que se figuraba, y resultó un volumen más grueso de lo que debiera. He satisfecho a todo, y a fe que con verdad. Tú que antes culpabas al profesor, únete a mí desde ahora para defenderle; pues los que atestiguan lo dicho son discípulos suyos que le han tratado familiarmente, y por lo mismo hay de ello testigos numerosos e irrecusables. Adiós.

El impresor

JUAN PABLOS, de Brescia,

AL LECTOR

Cuando, fundada ya en México la Universidad, bajo los auspicios y a expensas del Emperador, nada deseaba yo tanto, lector amigo, como que saliese de nuestra oficina tipográfica algo que por ser de provecho para las buenas letras, que cada día florecen con tan grandes aumentos, fuese también útil a los escolares, se cumplió con exceso mi deseo. Porque Cervantes Salazar, persona de rara elocuencia, y dotada de tal habilidad para improvisar, que es te-

meridad creerlo (dejando aparte sus demás prendas, que no pedirían una epístola sino un libro), no sólo nos trajo a imprimir un Vives con comentarios doctísimos y muy dignos del autor, en que explica, aclara y resuelve los pasajes difíciles y equívocos en materia intrincada e inculta, sino que para acercarse más al modelo, y siguiendo el mismo plan, añadió siete Diálogos en que trató de ciertos juegos que faltan en Vives, y describió tan erudita y copiosamente la ciudad de México y sus alrededores, que no parece que describe, sino que pone las cosas a la vista. Y porque estoy cierto, por experiencia, de que la obra es mucho mejor de lo que digo, no quiero añadir una palabra más. No dejaré, sin embargo, de decir una cosa, y es que para gozar de los trabajos ajenos, no has de verlos de mal ojo, y que nunca desprecies nuestras fatigas, enderezadas siempre a tu provecho. Adiós.

Acabóse la presente obra el día seis de noviembre del año de la Redención humana de mil quinientos cincuenta y cuatro. Por comisión del Virrey y del Arzobispo de México fué aprobada esta obra por el Dr. Mateo Sedeño Arévalo, catedrático de Decreto, y por el maestro Fr. Alonso de la Veracruz, catedrático de Prima de Teología. En México, dicho día, mes y año

NOTAS

I

LOS EMOLUMENTOS DE LOS PROFESORES DE LA REAL Y PONTIFICIA UNIVERSIDAD DE MEXICO

Aunque *nummi aurei* debería traducirse, en rigor, por *monedas de oro,* como tal traducción no daría al lector una idea, ni siquiera aproximada, del sueldo de los catedráticos, me pareció que la designación de Cervantes debía aplicarse a los pesos de *pesos de oro,* que era la moneda común de cuenta en aquella época. Pero con esto no adelantamos, en verdad, gran cosa, porque había varias especies de *pesos de oro,* con valores muy diversos. Además del llamado simplemente *peso de oro* o *castellano,* había *peso de oro de minas, peso de oro ensayado, peso de oro común,* y *peso de oro de tepuzque.* Los valores *intrínsecos* de estas diversas monedas, han sido fijados por el señor Orozco y Berra en esta forma:

Peso de oro .... 2 ps. 93 cs.
Peso de oro de minas y peso de oro ensayado 2 ,, 64 ,,
Peso de oro común .... 1 ,, 75 ,,
Peso de tepuzque .... 1 ,, 60 ,,

¿A cuál de estas monedas se refiere Cervantes? Ya ve el lector que si es a los *pesos de oro* o *castellanos,* el sueldo de los catedráticos equivalía a unos 600 ó 900 pesos de los actuales; pero si a los *pesos de tepuzque,* se reduce a 320 ó 480 pesos al año. Creo que entre ambos extremos está la verdad, y que se trata de *pesos de oro de minas,* porque de éstos se expresa que eran los mil pesos de que hizo merced el Emperador para la fundación de la Universidad; con la circunstancia de que repetidas veces se les llama simplemente *pesos de oro,* y una sola *pesos de oro de minas,* dándonos a conocer que esto era lo que comúnmente se entendía al decir *pesos de oro.* Y en el título XXXII de los *Estatutos y Cons-*

tituciones de la Universidad, formados en 1645, se expresan todavía en *pesos de oro de minas* las principales partidas de las rentas del establecimiento. Si, pues, éstos eran los *nummi aurei* de Cervantes, el salario de los profesores era de 528 a 792 pesos de los actuales. Concuerda bastante con esta guaduación la nómina de salarios que consta en los citados *Estatutos:* allí vemos que los principales catedráticos, esto es, los de Prima de Teología, Cánones y Leyes tenían a 700 pesos; los de Vísperas a 600, habiendo otros de 500, 400 y menos, hasta de 100 pesos anuales.

Resta otra cuestión más difícil todavía, cual es averiguar el valor *estimativo* de aquellos honorarios, es decir, calcular las comodidades que entonces proporcionaría tal renta, comparadas con las que resultarían de otra igual en nuestros tiempos. Según las laboriosas investigaciones de Clemencin, el valor *estimativo* del *castellano* o *peso de oro* era, en 1497, igual a 10 ps. 82 cs., y conforme a esta cuenta, el *peso de minas* equivalía a 9 ps. 75 cs. En tal supuesto, la dotación de los catedráticos no podría llamarse mezquina, pues sería de 1,950 a 2,925 ps. anuales. Pero hemos de considerar que los cálculos de Clemencín, basados en el precio del trigo *en España,* durante el reinado de doña Isabel la Católica, no son aplicables a México y a una época bastante posterior. Más luz puede darnos la comparación con otros salarios. Al virrey Mendoza se le señalaron seis mil ducados, y dos mil más para su guardia: éstos no deben computarse como sueldo, y los seis mil, a razón de 375 maravedís, cada uno, hacen 5,000 *pesos de minas,* de a 450 maravedís. Un catedrático de a 300 ps., tenía, pues, casi 1/16 de sueldo del virrey, y no debía considerarse mal retribuido. Los oidores trajeron señalados seiscientos mil maravedís "que era competente salario", y después, para que se abstuvieran de tener encomiendas, se les aumentaron ciento cincuenta mil, de modo que vinieron con 1,333 pesos y tuvieron luego hasta 1,666. A los oficiales reales se asignaron, al tiempo de su venida, quinientos diez mil maravedís, que hacen 1,133 *pesos de minas.* Estos pocos ejemplos, tomados de los empleos más altos de la colonia, bastan para inclinarnos a creer que las quejas de Cervantes son exageradas, y que se iba contagiando algo de la enfermedad reinante en un país *ubi imperium tenet cupiditas,* como antes dijo. Lo cierto es que en el punto de la remuneración de los catedráticos no manifiesta el mismo desprendimiento y altivez que su modelo Vives, quien dice así en uno de sus diálogos latinos: "TYRON. ¿Por cuánto enseñan? SPUDEO. Quita allá con esa pregunta tan fea y tan importuna: ¿en una cosa de tanta importancia se ha de preguntar de la paga? Ni los mismos maestros conciertan ni pactan cuánto les han de dar, ni a los discípulos conviene aun pensarlo: ¿qué paga puede recompensarlo?" Pero Vives lleva las cosas demasiado lejos, pues los catedráticos no habían de vivir sólo de honores, ni era afrenta que recibieran la justa recompensa de su trabajo, porque siempre y en todo caso, *dignus est operarius mercede sua*.

II

LA VIEJA CIUDAD DE MEXICO

La antigua ciudad azteca estuvo dividida en dos, o mejor dicho, se componía de dos ciudades contiguas, pero distintas, y cada una con sus reyes propios. La principal se llamaba Tenochtitlán México, y era la residencia de los emperadores mexicanos: la otra menor, llamada Tlaltelolco, estaba situada al N.E. de aquélla: allí se hallaba el famoso mercado común a ambas: dividíalas una simple zanja. En una guerra que Moquihuix, rey de Tlaltelolco, emprendió contra su cuñado Axayacatl, emperador de México, fué vencido aquél, y el Tlaltelolco quedó desde entonces unido a la gran Tenochtitlán. Así las hallaron los españoles.

El número de los habitantes de la antigua México se hace subir a trescientos mil. Suponiendo esto cierto, y tomando en consideración que una parte del actual sitio de la ciudad era agua, que las casas, por lo común, sólo tenían un piso; que los palacios cogían una grande extensión de terreno, y que los templos, que no ocupaban menos, eran incontables, no puede quedar duda de que la población vivía apiñada en las casas. Tenía calles de tres especies: unas enteramente de agua, y que por lo mismo no eran transitables sino en canoas; a estas calles caían generalmente las puertas traseras de las casas, y por allí se hacía el servicio ordinario de ellas: a las orillas del agua tenían los vecinos sus huertas. Otras calles había, y eran las principales, con una acequia o grueso caño de agua en el centro, y dos tránsitos de terreno firme a los lados. Otras, en fin, no tenían acequia y eran muy angostas: servían para la entrada a las casas por tierra. Todo este laberinto de acequias estaba cruzado, como es de suponerse, por innumerables puentes, que completaban el doble sistema de comunicación interior, por agua y por tierra. La ciudad, colocada en medio de las aguas como otra Venecia, se unía a la tierra firme por tres calzadas: la de Guadalupe, al norte; la de San Antonio Abad, al sur, y la de Tacuba, al poniente; por la parte de oriente no había calzada que atravesase el gran lago de Texcoco. Aunque los conquistadores nos han hecho pomposas descripciones de la orgullosa ciudad azteca, se percibe a través de ellas, que si bien los templos, los palacios y algunas casas de los señores principales se hacían notables por su grande extensión, las habitaciones del común de los vecinos eran humildes y de poca cuantía. Así es que el Br. Balbuena, escribiendo en los primeros años del siglo siguiente, se creyó autorizado para decir que menos de cien años atrás, sólo se veían en México

Chozas humildes, lamas y lagunas.

El largo sitio que los españoles hubieron de emprender para ganar la ciudad, y la necesidad en que se vieron de demoler la mayor parte de los edificios para atajar el daño que desde ellos recibían, y colmar con los escombros las acequias y cortaduras, que tanto entorpecían el avance, y tan fatales les habían sido en la retirada de la *Noche Triste,* fueron causas reunidas de que la antigua ciudad desapareciera del todo, quedando en pie poco más que los grandes templos, cuya solidez se prestaba mal a aquella rápida destrucción, pero que después vinieron al suelo a impulso del celo religioso de conquistadores y misioneros. Con esto se explica el hecho de no haber hoy en México ni una sola ruina del tiempo de los aztecas, y se corrobora la opinión de que la generalidad de aquellos edificios era de adobe y de poca importancia, pues de otra manera no era posible que en breve tiempo hubiera demolido Cortés siete octavas partes de la ciudad.

Casi destruída y ganada del todo, en fin, la gran capital, quedó tan inficionado el lugar con los cadáveres de los innumerables indios muertos durante el asedio, que los españoles hicieron salir a los que quedaban, y ellos mismos fueron a establecerse en Coyoacán. Allí tuvo principio propiamente la fundación de la ciudad, pues allí se organizó el primer Ayuntamiento de México.

Tratóse luego de la reedificación, y aunque hubo diversas opiniones acerca del lugar en que debía situarse la nueva ciudad, prevaleció al fin la de Cortés que deseaba conservar el nombre y asiento de metrópoli tan insigne y tan famosa en toda la tierra. Quedó, pues, resuelto que la nueva población ocuparía el lugar de la antigua, lo cual se observó con tal exactitud que la iglesia mayor quedó colocada en el sitio mismo del gran templo de Huitzilopochtli. Más acertado consejo habría sido adelantarse un poco hacia el poniente. Hízose venir de toda la comarca una multitud innumerable de indios para trabajar en los edificios de los españoles, que no fué poca vejación para los vencidos, como lo conoceremos por los sencillos, pero enérgicos términos con que se expresa el P. Motolinía: "La séptima plaga (dice) fué la edificación de la gran ciudad de México, en la cual los primeros años andaba más gente que en la edificación del templo de Jerusalén, porque era tanta la gente que andaba en las obras, que apenas podía hombre romper por algunas calles y calzadas, aunque son muy anchas; y en las obras, a unos tomaban las vigas, otros caían de alto, a otros tomaban debajo los edificios que deshacían en una parte para hacer en otra, en especial cuando deshicieron los templos principales del demonio. Allí murieron muchos indios, y tardaron muchos años, hasta los arrancar de cepa, de los cuales salió infinidad de piedra". Aquellos edificios primitivos no debieron costar mucho a los españoles, porque, como dice el mismo Padre: "Es la costumbre de esta tierra no la mejor del mundo, porque los indios hacen las obras, y a su costa buscan los materiales, y pagan los pedreros y carpinteros, y si ellos mismos no traen que comer, ayunan".

Inmediatamente después de la ocupación de la ciudad, mandó Cortés que los indios la limpiasen, y que reedificasen sus casas en la parte que les señaló, dejando libre la que destinaba a los edificios de los españoles. Para proceder con orden, formó el Ayuntamiento un plano que marcaba los límites en que debían comprenderse aquéllos: lo demás se dejó para los indios, quienes colocaron sus casas sin orden, todo alrededor, y cercaron la ciudad española, quedando ellos a cargo de un gobernador de su nación, y divididos en cuatro barrios: el de S. Juan, el de Santa María, el de S. Sebastián y el de S. Pablo, conocidos respectivamente con los nombres mexicanos de Moyotla, Tlaquechiucan, Atzacualco y Teopan.

El plano que los españoles formaron era conocido con el nombre de *la traza,* y se menciona con frecuencia en las actas del Ayuntamiento, como que a él se referían muchas disposiciones, en especial la concesión de solares a los vecinos. Este plano, que tan útil sería para conocer la primitiva forma de la ciudad, no existe, y aun son inciertos los límites que por él se señalaron a la población de españoles. Según el Sr. Alamán, gran investigador de estas antiguallas, *la traza* "era un cuadro que abrazaba todo el espacio que limitan al oriente la calle de la Santísima y las que le siguen en su misma dirección; al sur la de S. Gerónimo o S. Miguel; al norte la espalda de Sto. Domingo, y al poniente la calle de Sta. Isabel" y en nota, agrega: "En esta demarcación hago uso solamente del nombre de la calle más conocida en cada rumbo, debiéndose entender que el límite de la traza seguía por las que continúan en la misma dirección, hasta cortarse unas con otras formando el cuadro". El Sr. Orozco y Berra, persona de no menor autoridad en tales materias, difiere del Sr. Alamán, en cuanto al lindero del norte, y dice, que si por *espalda de Sto. Domingo* se entiende la calle inclinada que corre desde la espalda de S. Lorenzo, Pulquería de Celaya y el Apartado, no está conforme con esa línea, y que a su juicio, "la verdadera demarcación es la que señala la línea de las calles del Puente del

Cuervo, Chiconautla, Cocheras, atravesando por medio la cuadra de Sto. Domingo, la calle de la Misericordia, siguiendo derecho por sobre las casas, a la calle del Puente del Zacate". Las razones en que apoya su opinión el Sr. Orozco no carecen de peso; pero por otra parte la demarcación del Sr. Alamán tiene a su favor dos circunstancias. Una es la anchura de esa calle inclinada del Apartado, y su mismo trazo irregular, que parecen indicios claros de haber corrido por allí una de las primitivas acequias: la otra, que si prolongamos el trozo de acequia que todavía llega a la esquina de la calle del Carmen, viene a pasar precisamente por esa línea hasta juntarse con la acequia de Sta. María en la esquina del Puente del Zacate. En este lugar casi se confunden ambas demarcaciones, pero como no corren paralelas, la discrepancia va en aumento hacia oriente, hasta ser considerable en ese tramo. Acaso pudieran conciliarse ambas opiniones, admitiendo que hubo allí en diversos tiempos dos demarcaciones distintas, pues en el Libro de Cabildo hay repetidas constancias de que por este rumbo se ensancharon los límites de *la traza* primitiva. Si *la traza* era un cuadro perfecto, sus ángulos debían quedar, al N. O. en la calle del Puente del Zacate, un poco atrás de la 1ª calle de S. Lorenzo; al N. E. en la esquina de la calle de los Plantados y callejón del Armado; al S. E. en la esquina de la parroquia de S. Pablo y calle de Muñoz, y al S. O. en la 3ª calle de S. Juan, esquina de la Plazuela de las Vizcaínas. Siendo esto así, el perímetro no corre constantemente por calles actuales, sino que en varias partes tiene que pasar por lo edificado hoy, como fácilmente puede notarlo el lector, teniendo a la vista un plano de la ciudad. No debemos extrañarlo, porque es de creer que el cuadro, en especial por norte y oriente, que es donde más se notan tales discordancias, no se cubrió de edificios sino mucho tiempo después, cuando ya no se hacía caso de *la traza*: si no es que desde el principio se acomodó la forma de ésta a la de las acequias principales, lo cual juzgo más probable, y casi seguro, pues no hay datos bastantes para afirmar que el espacio comprendido en dicha *traza* estuviera cortado por líneas rectas y paralelas.

Fuera de ese espacio no era permitido a los españoles edificar, porque lo demás quedó destinado exclusivamente a los indios, y aun se anularon algunas concesiones de solares hechas contra esa regla. Hubo, sin embargo, una excepción. El recuerdo de la *Noche Triste* perseguía a los conquistadores, quienes se veían mal seguros en una ciudad rodeada de agua, y sin otra comunicación con la tierra firme, que unas calzadas fáciles de cortar. Quisieron, pues, asegurar la salida en cualquier evento desgraciado, resguardando una de las calzadas, y eligieron, sin duda por más corta, la de Tacuba, la misma que había sido teatro de aquel desastre. Al efecto, se acordó "que para fortificación de esta cibdad se den solares para hacer casas que vayan á casamuro por delante é por las espaldas, para se poder salir de esta cibdad hasta la tierra firme, é que sea una acera de casas de una parte é de otra de la calzada, hasta la alcantarilla que llega á la dicha tierra firme". Este fué el origen de la larga calle que corre desde la esquina del Puente de la Mariscala hasta la *Tlaxpana,* saliéndose de *la traza,* y que hasta el día forma en su mayor parte una prolongación aislada hacia poniente. Desde S. Hipólito no tenía salida alguna para el lado norte, pues las que existen han sido abiertas en estos últimos tiempos.

Fué muy notable, y no ha sido explicado todavía de una manera satisfactoria, la considerable y casi repentina disminución de las aguas que rodeaban la ciudad. Todos saben que el estrago de la *Noche*

Triste fué ocasionado por la aglomeración del ejército español en la calzada, comparativamente estrecha, que empezaba en el Puente de la Mariscala, donde estaba la primera cortadura, de manera que desde allí hasta cerca de Popotla había agua por ambos lados. Pocos años después vemos que se conceden solares para casa a uno y otro lado de esa vía, y lo que es más, se señalan huertas, no en una, sino en varias hileras, unas a espaldas de otras. Por el S. O. ocupaba el agua casi todo el terreno desde el cerro de Chapultepec hasta invadir una parte de lo que ahora es la Alameda, y ya en tiempo de Cervantes no se hace mención de aguas por allí, sino de ejidos de la ciudad. Según Torquemada, la disminución de las aguas comenzó a notarse desde el año de 1524, y la atribuye principalmente a haber atajado los españoles, para el riego de sus sementeras, los arroyos y ríos que entraban en las lagunas, y también a haberse recogido para el consumo de la ciudad las aguas de Chapultepec y Santa Fe, que antes se derramaban en los alrededores. Mas a juicio de Enrico Martínez, la causa fué, que como los indios cultivaban poco terreno en las alturas, y no tenían caballos ni ganados, ni araban la tierra, ésta se mantenía dura y apretada, por lo cual los aguaceros no la arrastraban a los lugares bajos. Lo contrario sucedía después de la venida de los españoles, porque ellos lo araban todo, incluso las laderas, y sus ganados pisaban y removían el terreno, de tal suerte, que las aguas llovedizas llevaban mucha lama y tierra a las partes bajas, que por lo mismo se iban elevando, mientras los altos se descarnaban y dejaban descubierto el *tepetate*. Este efecto de las aguas llovedizas es innegable; pero no conduce a explicar la disminución de las lagunas: el limo que venía de los altos haría elevar el fondo y derramar las aguas sobre la ciudad, como de hecho habría sucedido, si el suelo de ella no se hubiera ido elevando a la par, como lo vemos. Concediendo a la labor de la tierra la importancia que le da el célebre autor del desagüe, podría decirse que la tierra floja y removida absorbía una cantidad de agua mucho mayor, y por eso recogían menos las lagunas. Las causas de la rápida disminución de éstas, después de la conquista, fueron sin duda varias, y algunas puramente transitorias, pues de haber continuado obrando todas con igual eficacia, ya no quedaría de los lagos más que la memoria. De todos modos es notable que se fije el año de esa disminución, pues de ello se infiere que se verificó de una manera repentina y no gradual. En lo interior de la ciudad los españoles cegaron la mayor parte de las acequias, dejando sólo algunos ramales principales, como el que corría por la calle de la Acequia (o del Colegio de Santos), costado del Palacio, Portal de las Flores, etc., e iba a juntarse con otro que atravesaba por las calles de S. Juan de Letrán, Sta. Isabel y demás de la misma línea. Pasaba también otra acequia por las calles de Jesús, Arco de S. Agustín, S. Felipe Neri y Puente Quebrado, hasta juntarse con la anterior. Estas acequias principales han ido desapareciendo sucesivamente, y las pocas que quedan están en los suburbios. Pero aquellas dejaron un recuerdo de su existencia en los muchos nombres de *puentes* que aun tenemos en calles donde no hay ya ni señales de canal.

Carecemos todavía de una historia particular de la ciudad de México, en que se refieran las variaciones que ha experimentado desde la conquista. Verdad es que el P. Andrés Cavo, jesuíta, escribió en Roma una *Historia Civil y Política de México*, de que D. Carlos Ma. de Bustamante hizo aquí en 1836 una impresión, tan descuidada como todas las suyas, con el título de *Los Tres Siglos de México durante el Gobierno Español, hasta la entrada del*

Ejército Trigarante. Pero esta obra, aunque dedicada al Ayuntamiento de México, y escrita en vista de los datos que se suministraron por su secretaría, no es propiamente una historia de la ciudad, pues fuera de la cansada enumeración de los alcaldes y regidores que cada año eran elegidos, apenas contiene noticias peculiares a la ciudad, sino que se difunde en las del país entero. Sólo alcanza hasta 1767, fecha de la expulsión de los individuos de la Compañía de Jesús.

El Sr. Alamán, en sus *Disertaciones,* fué el primero que ilustró de propósito la materia con eruditas y laboriosas investigaciones. Las rectificó y amplió en parte el Sr. Orozco y Berra, primero en el artículo *México* del *Diccionario Universal,* y luego en la *Memoria para el Plano de la Ciudad de México,* que imprimió en 1867. Pero ni uno ni otro escritor trataron de formar un cuerpo completo de historia. Sus estimables trabajos sólo se refieren a una parte de la ciudad, y no han sido bastantes para fijar algunos puntos capitales. Todavía se disputa acerca de los verdaderos límites del gran templo de Huitzilopochtli, y no se ha hecho de una manera satisfactoria la delineación o restauración gráfica de la plaza mayor, cual estaba a mediados del siglo XVI. Mas no es de extrañar que tan diligentes escritores dejasen vacíos, y alguna vez incurrieran en equivocaciones. La materia no puede ser más oscura, porque los datos para tratarla son sumamente escasos, y los que hay se hallan esparcidos en multitud de obras y papeles, y como perdidos entre un cúmulo de noticias ajenas al asunto. Aun suponiendo la posibilidad de adquirir todas esas obras, muchas de ellas rarísimas, y la paciencia, tiempo y discernimiento que se necesitan para la coordinación y examen de lo que en ellas se encuentra, tampoco se habría logrado el objeto, porque no se tendría lo bastante para aclarar todas las dudas. México, ya lo hemos dicho, no ha tenido cronistas especiales, que preparen materiales bien coordinados: casi todo ha quedado en noticias sueltas, o lo que es peor, encomendado a la memoria de los vecinos. Las ciudades experimentan continuas variaciones: una calle nueva que se abre, unas casas que se reedifican, una acequia que se ciega, una plaza que se ocupa con edificios, la menor variación en el alineamiento, pueden cambiar totalmente el aspecto de un lugar de la ciudad, y meter en mil conjeturas a los pósteros, que no aciertan a concordar lo que leen con lo que están viendo, pues los planos no están al alcance de todos, ni pueden marcar tampoco ciertos pormenores de los lugares. Los contemporáneos se figuran que por ser para ellos una cosa tan clara, lo mismo ha de suceder a los que vengan después. No hay quien ignore, por ejemplo, la famosa historia del salto de Alvarado, de cuyo capitán se cuenta que habiendo llegado en la terrible retirada de la *Noche Triste* a la tercera cortadura de la calzada, y no hallando otro medio de salvar la vida, apoyó su lanza en el fondo, y con un desmedido salto logró pasar al otro lado del foso. Aunque el hecho es más que dudoso, y parece inventado posteriormente, dió, sin embargo, nombre a la calle que todavía se llama del *Puente de Alvarado*. Allí se veía, no ha mucho, una zanja que indicaba el lugar del suceso. Atravesaba la calle precisamente por el zaguán del *Tívoli del Elíseo* y por el jardincito enverjado que queda enfrente y da entrada a la casa número 5: el puente se hallaba *tras* de los arcos del acueducto, es decir, contiguo a la acera que mira al norte; la parte de afuera, al norte de los arcos, estaba empedrada y a nivel. Hoy no existen arcos, ni cortaduras, ni puente: toda señal ha desaparecido, y cuando hayamos desaparecido también los que hemos sido testigos de tal mudanza perecerá la memoria del lugar donde se hallaba el famoso *Salto de Alvarado*. Así ha sucedido y sucederá con muchos lugares de nuestra capital, unidos a recuerdos históricos, porque nadie cuida de conservarlos por medio de una sencilla inscripción. Pero qué mucho, si las que existían en varias partes se han borrado o destruído, ya por ignorancia, ya por el necio empeño de quitar de la vista todo recuerdo de la dominación española; como si a ella no se debiera casi todo cuanto existe en la capital, y algo más de que nosotros hemos dado después buena cuenta.

III

EL PASEO DEL PENDON

La primera disposición para solemnizar la fiesta data del 31 de julio de 1528. En cabildo de ese día se acordó "que las fiestas de S. Juan e Santiago e Santo Hipólito, e Ntra. Sra. de Agosto se solemnice mucho, e que corran toros, e que jueguen cañas, e que todos cabalguen, los que tovieren bestias, so pena de diez pesos de oro". A 14 de agosto del mismo año se mandaron librar y pagar cuarenta pesos y cinco tomines de oro, que se gastaron en el pendón y en la colación del día de S. Hipólito, en esta manera: cinco pesos y cuatro tomines a Juan

Franco de cierto tafetán colorado: a Juan de la Torre seis pesos de cierto tafetán blanco: a Pedro Jiménez, de la hechura del pendón y franjas, y hechura, y cordones y sirgo (seda), siete pesos y cinco tomines: de dos arrobas de vino a Diego de Aguilar, seis pesos: a Alonso Sánchez de una arroba de confites, doce pesos y medio: a Martínez Sánchez, tres pesos de melones". Por este acuerdo se viene en conocimiento de que el Pendón que se sacaba en el paseo, no era el que había traído Cortés, como generalmente se cree, sino otro nuevamente hecho, cuyos colores eran rojo y blanco. Aquí no se habla todavía del paseo, aunque es de suponerse que para él se hizo el Pendón; pero el año siguiente de 1529 se fijó ya el orden que con corta diferencia se siguió observando en lo sucesivo. He aquí lo que se dispuso en el cabildo de 11 de agosto: "Los dichos señores ordenaron y mandaron que de aquí adelante todos los años, por honra de la fiesta del señor Santo Hipólito, en cuyo día se ganó esta ciudad, se corran siete toros, e que dellos se maten dos, y se den por amor de Dios á los monasterios é hospitales, y que la víspera de la dicha fiesta se saque el Pendón de esta ciudad de la Casa del Cabildo, y que se lleve con toda la gente que pudiere ir a caballo acompañándole hasta la iglesia de S. Hipólito, y allí se digan sus vísperas solemnes, y se torne a traer dicho Pendón a la dicha Casa del Cabildo, e otro día se torne a llevar el dicho Pendón en procesión a pie hasta la dicha Iglesia de S. Hipólito, e llegada allí toda la gente y dicha su misa mayor, se torne a traer el dicho Pendón a la Casa del Cabildo, a caballo, en la cual dicha Casa del Cabildo esté guardado el dicho Pendón, e no salga de él; e en cada un año elija e nombre de dicho cabildo una persona, cual le pareciere, para que saque el dicho Pendón, así para el dicho día de S. Hipólito, como para otra cosa que se ofreciere". Y el día 27 del mismo mes se mandaron "librar e pagar a los trompetas doce pesos de oro, por lo que tañeron e trabajaron el día de Santo Hipólito". Este año, tal vez por estreno, fueron largamente recompensados los trompetas; pero lo desquitaron al siguiente, porque en cabildo de 28 de agosto de 1530 se acordó "que no se les diese cosa ninguna".

Esta ceremonia del *Paseo del Pendón* se verificaba también en otras ciudades de las Indias, y señaladamente en Lima el día de la Epifanía. El orden que debía guardarse en el paseo fue materia de varias disposiciones de la Corte, con las cuales se formó una de las leyes de Indias. Veamos cómo se practicaba en México, según refiere un antiguo libro: "Tiene ya esta fiesta tan gran descaecimiento (1651) como otras muchas cosas insignes que había en México, y aunque uno ú otro daño, por la diligencia y industria del regidor que saca el estandarte real, se adelante mucho, en ninguna manera puede llegar a lo que fué antiguamente, aunque se pudieran nombrar algunos regidores que en esta era han gastado *más de veintidós mil pesos* en adelantar y celebrar por su parte esta festividad. Mas para que se crea lo que fué cuando se vea lo que es al presente, será bien traer a la memoria algo de la descripción que a lo retórico hizo el P. Fr. Diego de Valadés en la parte IV, capítulo 23, de su *Retórica Cristiana,* que vió en México lo que algunos años después escribió en Roma, en latín, año de 1578. Dice lo siguiente: "En el año de nuestra Redención humana de 1521, el mismo día de S. Hipólito, 13 de agosto, fué rendida la ciudad de México, y en memoria de esta hazaña feliz y grande victoria, los ciudadanos celebran fiesta y rogativa aniversaria en la cual llevan el pendón con que se ganó la ciudad. Sale esta procesión de la Casa del Cabildo hasta un lucido templo que está fuera de los muros de la ciudad de México, cerca de las huertas, edificado en honra del dicho santo, adonde se está agora edificando un hospital. En aquel día son tantos los espectáculos festivos y los juegos, que no hay cosa que allí llegue (*ut nihil supra*): juéganse toros, cañas, alcancías, en que hacen entradas y escaramuzas todos los nobles mexicanos: sacan sus libreas y vestidos, que en riqueza y gala son de todo el mundo preciosísimos, así en cuanto son adornos de hombre y mujeres, como en cuanto doseles y toda diferencia de colgaduras y alfombras con que se adornan las casas y calles. Cuanto a lo primero, le cabe a uno de los regidores cada año sacar el Pendón en nombre del regimiento y ciudad, a cuyo cargo está el disponer las cosas. Este alférez real va en medio del virrey, que lleva la diestra, y del presidente, que va a la mano siniestra. Van por su orden los oidores, regidores y alguaciles, y de punta en blanco, y su caballo a guisa de guerra, con armas resplandecientes. Todo este acompañamiento de caballería, ostentando lo primoroso de sus riquezas y galas costosísimas, llega a S. Hipólito, donde el arzobispo y su cabildo con preciosos ornamentos empiezan las vísperas y las prosiguen los cantores en canto de órgano, con trompetas, chirimías, sacabuches y todo género de instrumentos de música. Acabadas, se vuelve, en la forma que vino, el acompañamiento a la ciudad, y dejado el virrey en su palacio, se deja el Pendón en la Casa de Cabildo. Van a dejar el alférez a su casa, en la cual los del acompañamiento son abundante y exquisitamente servidos de conservas, colaciones, y de los exquisitos regalos de la tierra, abundantísima de comidas y bebidas, cada uno a su voluntad. El día siguiente, con el orden de la víspera, vuelve el acompañamiento y caballería a la dicha iglesia, donde el arzobispo mexicano celebra de pontifical la misa. Allí se predica el sermón y oración laudatoria con que se exhorta al pueblo cristiano a dar gracias a Dios, pues en aquel lugar donde murieron mil españoles, *ubi mil ia virorum decubuere,* donde fué tanta sangre derramada, allí quiso dar la victoria. Vuelve el Pendón y caballería, como la víspera antecedente. Y en casa del alférez se quedan a comer los caballeros que quieren, y todo el día se festeja con banquetes, toros y otros entrenamientos". Hasta aquí Valadés.

"En la víspera y día de S. Hipólito se adornaban las plazas y calles desde el palacio hasta S. Hipólito, por la calle de Tacuba por la ida, y por las calles de San Francisco para la vuelta, de arcos triunfales de ramos y flores, muchos sencillos y muchos con tablados y capiteles con altares y imágenes, capillas de cantores y ministriles. Sacábanse a las ventanas las más vistosas, ricas y majestuosas colgaduras, asomándose a ellas las nobles matronas, rica y exquisitamente aderezadas. Para el paseo, la nobleza y caballería sacaba hermosísimos caballos, bien impuestos y costosísimamente enjaezados; entre los más lozanos (que entonces no por centenares, sí por millares de pesos se apreciaban) salían otros no menos vistos, aunque por lo acecinado pudieran ser osamento y desecho de las aves, aunque se sustentaban á fuerza de industria contra naturaleza, que comían de la real caja sueldos reales por conquistadores, cuyos dueños, por salir aquel día aventajados (por retener el uso del Pendón antiguo), sacaban también sus armas, tanto más reverendas por viejas y abolladas, que pudieran ser por nuevas, bien forjadas y resplandecientes. Ostentaban multitud de lacayos, galas y libreas. Clarines, chirimías y trompetas endulzaban el aire. El repique de todas las campanas de las iglesias, que seguían las de la Catedral, hacían regocijo y concertada armonía".

Como esa solemnidad se verificaba en lo más fuerte de la estación de las lluvias, sucedía a veces que la comitiva, sorprendida por el agua, se refugiaba en los primeros zaguanes que encontraba abiertos, hasta que pasada la tormenta, continuaba su camino. Sabido por el rey, despachó una cédula en términos muy apremiantes, prohibiendo que tal cosa se hiciera, sino que a pesar de la lluvia continuase adelante la procesión, y así se cumplió. Por ser muy grandes los gastos que la fiesta ocasionaba al regimiento encargado de llevar el Pendón, la ciudad le ayudaba con tres mil pesos de sus propios. Andando el tiempo decayó tanto el brillo de esa conmemoración anual de la conquista, que en 1745 el virrey, por orden de la corte, hubo de imponer una multa de quinientos pesos a todo caballero que siendo convidado dejase de concurrir sin causa justa. La ceremonia, que en sus principios fué muy lucida, vino después a ser ridícula, cuando el *paseo* se hacía ya en coches, y no a caballo, y el Pendón iba asomado por una de las portezuelas del coche del virrey. Las Cortes de España la abolieron por decreto de 7 de enero de 1812, y la fiesta de San Hipólito se redujo a que el virrey, audiencia y autoridades asistieran a la Iglesia, como en cualquiera otra función ordinaria. Inútil es decir que hasta esto cesó con la independencia.

Joaquín García Icazbalceta.

INDICE

Págs.

Advertencia.	v
Prólogo .	1
Introducción al diálogo primero . .	9
La Universidad de México . .	17
Introducción al diálogo segundo .	47
Interior de la ciudad de México .	51
Introducción al diálogo tercero . .	. 119
Alrededores de México .	. 123
Notas .	. 157

En la Imprenta Universitaria, bajo la dirección de Francisco Monterde, fué impreso este libro. Julio Prieto hizo los dibujos, según planos, mapas y documentos del siglo XVI.

www.ingramcontent.com/pod-product-compliance
Lightning Source LLC
Chambersburg PA
CBHW070548050426
42450CB00011B/2773